AF607760

SEXO, AMOR *y* REVOLUCIÓN

Hildegart Rodríguez

SEXO, AMOR *y* REVOLUCIÓN

PREGUNTA

Primera edición: agosto de 2024
Primera reimpresión: diciembre de 2024

info@preguntaediciones.com
www.preguntaediciones.com

ISBN: 978-84-19766-49-6
Depósito legal: Z-1392-2024

Printed in Spain. Impreso en España por Estilo Estugraf Impresores

Índice

Sexo y amor

La revolución sexual

SEXO Y AMOR

Publicado originalmente en
Cuadernos de Cultura, 32 (Valencia, 1931)

A LOS LECTORES DE *CUADERNOS DE CULTURA*

Por vez primera, al dirigirme a vosotros, no pueden faltar unas cordiales líneas de salutación. Al lector, al que no se conoce y al que hay que hablar por medio de un lenguaje cifrado y un tanto desprovisto de emoción personal, llegan más de lejos, pero con huella más profunda, las ondas de la humana compenetración y simpatía. Para vosotros, pues, público silencioso e individual dentro de vuestra colectividad, un saludo afectuoso y un deseo de que veáis en el CUADERNO *que a esto sigue un afán noble de emancipación de todos, y un juicio mezcla de la serenidad de la observación y del apasionamiento de la juventud.*

LA AUTORA

INTRODUCCIÓN

Para los que estimen que no pueden tratarse estas cuestiones sexuales sin hacer de ellas regodeo pornográfico, sin estudiarlas desde un punto de vista científico y particularmente moral, ya que es en la sabiduría y no en la ignorancia donde radica la verdadera moral, nosotros queremos recordar aquí unas frases de Havelock Ellis: «El sexo es un fuego siempre vivo que nada extinguirá. Es como aquella hoguera que vio Moisés en el monte Horeb, ardiendo en aquel zarzal que se consumía. Recordemos que al acercarse a ella oyó una voz que decía: "Quítate de los pies las sandalias, porque el suelo que pisas es sagrado"». Hoy no vacilamos en acercarnos a la llama milagrosa del sexo cuanto nos es posible. Pero difícilmente se hallará el hombre en condiciones de aprovecharse de ello como no se haya quitado antes los «zapatos».

Hemos de tener en cuenta que el sexo, que no es simple problema material, sino de honda y trascendente psicología, que tiene fuertes repercusiones sociales en el porvenir de las razas, debe ser tratado por autor y lectores con una sana avidez de aprender y de analizar la importancia de la nueva vida sexual, pero no con el afán torpe y absurdo de pretender entrever en los antes misterios y hoy revelaciones del sexo elucubraciones eróticas.

Para entrar en ese nuevo reino maravilloso que la sexología nos descubre, necesitamos llevar una pureza de espíritu que nos haga ver por encima de la inmediata acción sexual la finalidad de los nuevos seres que habrán de venir a la vida. En el nuevo culto a una moral en la que no haya «tabús» ni ocultaciones, en la que no existan absurdas ignorancias ni libertades sin freno, nosotros los que en él comulguemos habremos de hacerlo con el mismo respeto y unción realmente religiosa que solicitan los sacerdotes para el ingreso en sus templos. Hay un templo nuevo que se nos ofrece, y es el de la fecundidad en la mujer. Las ceremonias y ritos que en él se realizan para cumplir su finalidad, deben merecer por lo menos de nosotros una respetuosa contemplación. Las religiones todas tendían a ensalzar principios de abnegación y altruismo: normas de moral, en suma. Por muy grandes que sean los misterios y los dogmas de todas las religiones, esta de la creación de un nuevo ser humano es un rito por su propia naturaleza, tan asombroso y sagrado que bien merece de todos nosotros el sacrificio de quitarnos los zapatos de nuestra propia grosería.

MORAL SEXUAL

Los problemas que aquí tratamos de estudiar son exclusivamente los que atañen a la nueva moral sexual, puesto que la moral, no obstante el pretendido intento de los filósofos de que fuera una y universal, es polifacética y ofrece en cada nueva nación un significado diverso y un aspecto totalmente diferente. La actuación de la moral sexual en el nuevo campo es absolutamente personal. Lo que nosotros pretendemos es que cada individuo pueda crearse una moral a su hechura, que se respete el campo de acción individual y que, a base de este mutuo respeto, se encuentren las únicas restricciones posibles a la acción que cada uno intente desarrollar. Cuando hablamos de moral sexual casi tratamos de una moral social en todos aspectos, porque lo sexual aparece mezclado a todos ellos. Desde el dicho proverbial de que cuando un hombre comete un disparate se pregunte inmediatamente «¿quién es ella?»

hasta los actos más nimios de la vida, todos están impregnados de un carácter sexual. Un hombre sexualmente satisfecho desempeña su misión con absoluta seguridad de ánimo. Un hombre que no ha podido adquirir esa satisfacción, no puede llegar más que a un pesimismo en sus actos, que primero se traduce en desazones y que puede llegar hasta causar el suicidio o el extremo desarrollo de los instintos de rebeldía. La conducta del individuo en el plano sexual debe estar alejada de toda restricción ante la ley y ante el «qué dirán», ley imperiosa a la que muchos hombres se someten. Al igual que juzgamos que la vida sexual debe estar y de hecho lo está dependiendo de la otra vida social, también los restantes individuos, para asegurarse un mutuo respeto a su conducta, deberán no ver en sus compañeros más que los entes indispensables con quienes tienen que tratar en su negocio, en su trabajo, en su profesión. El hombre debe saber que su vida sexual está salvaguardada por el silencio y el respeto de todos, siempre que no trate de imponer sus designios a la fuerza. Tal es el nuevo criterio de la moral sexual, que por lo mismo que está tan dotada de un hondo carácter social, tendrá que ser eminentemente tolerante. La moral sexual es sobre todo y ante todo revolucionaria en estos tiempos, teniendo en cuenta las primitivas y ya caducas concepciones. Frente al criterio absolutista y despótico de aquellos viejos postulados morales, este otro libertario y amplio en el que todas las derivaciones normales y anormales de la vida sexual se autoricen sin más responsabilidad que la contraída ante los nuevos seres que se pretenda traer al mundo, será un verdadero contraste. Las relaciones sexuales sin consecuencias podrán ser lo mismo en uno que en otro sexo, absolutamente legítimas. La nueva moral sexual es hoy revolucionaria. Mañana será lógica. Pasado ¿qué será...?

LA HOMOSEXUALIDAD ANTE LA LEY

En la mayoría de las legislaciones existe declarada como crimen la conducta sexual grosera, pero la ley se atreve tan sólo a censurar y no a construir sobre ello, procurando que ante ella se eviten hechos juzgados como delitos, pero que en realidad ofrecen una muestra del inevitable fracaso legal, que obliga a los jueces a pensar de acuerdo con una ley retrasada, cuando muchos de estos hechos ante la conciencia popular, que es el inevitable juez supremo, no tienen ya consagración.

Mr. Justice Holmes pronunció recientemente un discurso ante la Asociación de Tribunales del Estado de New York, y en él incluía el siguiente párrafo: «El otro día repasaba yo la historia de Bradford y hubo de sorprenderme encontrarme con la descripción de las horribles solemnidades que acompañaron a la ejecución de un hombre por un delito que sin duda alguna figura todavía en los Códigos como un grave crimen, pero del cual no se oye hablar ya en los tribunales, y que a juicio de muchos sería mejor castigar sencillamente con el enojo de los seres normales, y que unos cuantos consideran solamente como una aberración fisiológica que ofrece interés solamente para el médico».

Según las ideas puramente lógicas, pesa menos cada vez en el espíritu de jueces y legisladores la actitud legal frente a los problemas sexuales que ya se ha ido acomodando a la concepción de la nueva moral. Hoy ya se juzga que la investigación en la conducta personal es un hecho reprobable y vergonzoso y que va en contra de la más elemental libertad. En las garantías que se recogen en los países donde hay constitución, se piensa hoy en incluir que «cada uno tiene derecho a ejercer con libertad su vida sexual, sin la menor molestia por parte de la autoridad pública, en tanto no perjudique los derechos o las garantías de otros seres». Es algo así como el principio de que todos tienen derecho a vivir mientras con ello no se perjudique el derecho legítimamente adquirido de otra persona. Esto es, se concede la misma libertad en el campo sexual que en los demás aspectos de la vida. Este es el fundamento de la nueva libertad, porque cada uno satisface como puede y desea sus instintos siempre que haya otros seres que a ello se presten. Garanticemos la defensa de los que rechacen esas proposiciones, pero no seamos más «papistas que el papa» y castiguemos lo que hecho de común acuerdo no sólo no es un delito, sino que resulta una satisfacción.

LA PROSTITUCIÓN

Un ejemplo trascendental en estas cuestiones sexuales es el de la prostitución. El hombre no estará nunca dispuesto a buscarle una solución radical porque ninguna de ellas le conviene. Él necesita tener a su disposición un cierto núcleo de mujeres que hayan vivido sólo para el sexo y por el sexo y que estén en condiciones de satisfacer sus más bajas pasiones. Hacerle casto, no por ñoñería, sino por necesidad, por higiene, por moral, hasta que realmente lo necesite actuando libremente, es una labor de una educación más lenta en la que puede intervenir, y de hecho interviene ya en algunas ocasiones, la madre. Los hombres, por una complacencia consigo mismos, mantienen perennemente lo que se ha llamado una «institución necesaria»; pero con ello no hacen otra cosa que ofender seriamente a la sociedad. A las mujeres así afrentadas y dedicadas, no por su voluntad, sino por la disposición del propio hombre que las arroja a esa situación, se las priva de hogar, de la familia; se les niega la maternidad y no se les deja ser productivas para la sociedad. El sexo aparece aquí apartado de su verdadero y legítimo uso, personalizado y convertido de este modo en el deleite temporal de uno de los propios actores de ese proceso. El sexo no representa un valor tan típico que a él hayamos de circunscribir nuestra existencia. El sexo es todo el hombre como toda la mujer, y por consiguiente los dos pueden ejercitar libremente sus atributos sexuales con pleno cerebro, actividad, voluntad, en otros trabajos más productivos para la humanidad que por los dos se forma. Hacer más elevado este papel del sexo tomado como deleite es un error y un absurdo.

Coincidimos con Carlota Perkins cuando ésta afirma que «no es por puritanos ni por moralistas por lo que censuramos esta relación absurda. Igualmente absurda cuando se la considera como una virtud que cuando se la mira como un pecado; lo mismo cuando se ve en ella una necesidad, que cuando se la considera como un grave insulto, tanto a la sociedad como a sus actores». Si hemos de apreciar alguna vez al sexo en su verdadero valor, habrá de ser reconociendo su totalidad y no sobreestimando una parte de él. Existe para nosotras, las mujeres, este tema importantísimo, y que, aparte de sus otros caracteres, tiene una honda trascendencia social. Nosotras, las que luchamos con tesón por el definitivo respeto de nuestros derechos, no podemos olvidar jamás en nuestra campaña a esas otras mujeres, víctimas de una injusticia social, carne de hospital, lacra de la humanidad inconsciente, y que arrojadas de todas partes van a caer en el lodazal del vicio por el fatalismo a que nosotras, las demás mujeres, con nuestra actitud, las empujamos. Al enfocar este problema, es justo que la primera protesta vaya dedicada especialmente a esas compañeras de sexo, a las que nunca les ha llegado un halo de ternura ni aun siquiera de conmiseración y de piedad. Yo estimo que todas las mujeres, por el mero hecho de serlo, contraemos también una obligación de luchar con la palabra y con la pluma, dentro de nuestras fuerzas, por apartar de nuestra sociedad esa dolorosa institución de la prostituta, víctima de la «majeza» de un señorito libertino, o producto trágico de una enfermedad que al corroer su naturaleza ha minado hasta el menor asomo de moralidad y de conciencia. ¡Contra la prostitución! ¡Por la libertad del amor! Esa debe ser nuestra aspiración. Que en todas nuestras campañas haya siempre un sello de abnegación y no de egoísmo. Derechos para la mujer que tiene medios para defenderse, sí. Pero primero derechos para la explotada, para la escarnecida.

EL INFANTICIDIO

Problema trascendente en verdad el del infanticio. Más doloroso que el del aborto, y desde luego mucho más que el de los métodos anticoncepcionales, es el del infanticidio, particularmente practicado por los propios padres. No así cuando la contumaz rebeldía de éstos haya traído al mundo por encima de leyes y preceptos seres que sólo servirán para hacer desgraciados y cargar al Estado con un peso que habrá de resultarle forzosamente gravoso. Sin embargo, el infanticidio practicado en la actualidad no deja de tener una dolorosa y punzante realidad, aunque no es el medio aconsejable y útil de resolver estos conflictos en un futuro; sino en un caso extremo. Cuando el aborto pueda implantarse, y las prácticas anticonceptivas se hayan vulgarizado, será porque asimismo la educación sexual que ello implica se habrá extendido también a todas las clases sociales y en todas las ocasiones, y en estos casos tan sólo alguna muchacha excepcional, que no haya recibido educación alguna en este respecto, podrá ser la víctima propiciatoria, que será disculpada si en el término ya, lanzada por la desesperación a que la conduce su ignorancia, mata el fruto de sus ilícitos amores, cuando él viene a constituir para ella una pesada carga. Porque lo primero a que deberemos tender será a que desaparezca ese estado de opinión que hace hoy la vida difícil para la madre soltera, que con su hijo en brazos pretende abrirse paso en el proceloso mar de la existencia. Cuando esto suceda, los hijos que mueran en estas condiciones obedecerán a un secreto deseo de la mujer, o a un afán de ésta de privarse de ellos, porque pudieran ser obstáculos para determinados fines. La opinión de los moralistas es idéntica a este respecto. Desde el más rígido, Bentham, que afirma que el infanticidio es delito, pero que debiera castigarse teniendo muy en cuenta las condiciones y circunstancias de sus autores; hasta Kant y Fouillée, más avanzados, hay toda una gama de opiniones. Incluimos las de estos últimos, por ser las más típicas de la escuela moderna, más humanitaria y más justa. Dice Kant: «El infanticidio del niño ilegítimo no es delito. El nacido fuera de la ley no puede ser protegido por ésta». Y añade Fouillée, menos rígido y más sentimental: «El infanticidio es simplemente una protesta contra la ley que no protege». Verdad, innegable verdad. Es indispensable que la educación sexual se extienda; que se instalen, al igual que en Inglaterra, clínicas en las que las mujeres que así lo deseen puedan ser adiestradas en las prácticas anticoncepcionales y atendidas si el caso lo requiere; hace falta que la mujer se haga más culta y más perspicaz, porque siendo culta la mujer, dice Marañón, y con evidente justicia, no caerá en la maternidad como en una «trampa sin salida». Dolorosa expresión, pero veraz, que no otra cosa representa la maternidad para la mujer, ya que ellas van al matrimonio henchidas del más puro y entrañable instinto materno, pero en un grado de desconocimiento absoluto de la importancia de su misión. Y así, ellas, víctimas de su estado de ignorancia, pierden los encantos de su sexo, se agotan, se vuelven indiferentes y tristes, las abruman los cuidados del hogar, hacen insoportable la vida del hombre, y van por último a ser víctimas de esa sociedad que inconsciente las tritura, sin pensar en ese dolor que ellas mismas se han buscado, pensando tan sólo en que ellas no tienen la culpa de que los hombres no se hayan preocupado, como tampoco lo han hecho las mujeres, de hacerse más cultos, más inteligentes, más capaces de aprender lo que hace ya muchos años están poniendo en práctica muchas otras naciones. En efecto, la naturaleza no tiene la culpa. Son las propias mujeres las que se obstinan en permanecer con el mismo criterio cerrado que en la Edad de Piedra. Ellas, las que ponen en práctica el célebre aforismo de «aquí me dejó mi abuela y aquí me volverá a encontrar». No ignoran que hace falta renovarse, y airearse y moverse definitivamente, y bañarse hasta quedar bien limpias y frescas en las aguas de la feliz y sonriente modernidad, y sentirse restauradas por el poder vital de la nueva ciencia que las ilustra, y abandonar de este modo preocupaciones que agobian, y dilataciones físicas que son engorrosas y les hacen perder su belleza y su juventud, y caracteres agrios y doloridos ante la complicación de todos los problemas, y todo en fin lo que constituye la tragedia vital e inseparable de toda mujer, desde el momento en que ella, creyendo que hace lo posible por salvar a la especie, no vacila en rendir culto a la más exuberante maternidad. Tienen que aprender estas mujeres que el amor que un tiempo pudo ser su divinidad inspiradora hoy resulta un móvil falso y egoísta, que para el hombre ya no se limita todo al terreno sexual, sino que tiene, al igual que ella, muchos otros campos y actividades en los que moverse y distraer su inteligencia y su personalidad, y que en el plano sexual habrán de sacrificarse en todo momento ante los imperativos supremos de la eugenesia, aprendiendo que en cuanto sea sólo satisfacción corporal puede guiarlas el amor y la atracción de los sexos; pero en cuanto tienda a tener consecuencias para ellos y para la sociedad, todo habrá de tener que estar regido por el criterio de la nueva moral en beneficio de la especie humana, que valiéndose de esos medios se perpetúa.

«Es necesario echar abajo violentamente el gran mito de que el amor justifica todas las cosas que se cometen bajo su advocación; por lo mismo que es excelso, puede ser manto de las cosas nobles, pero no tapadera de las innobles».

EL ADULTERIO

Actualmente esta es una de las plagas más grandes que dominan nuestra sociedad en cuanto que intenta atacar en todo lo posible la vieja moral hasta hoy existente. Es el adulterio la válvula de escape por la que unos cuantos seres, condenados a una existencia de perenne unión, pretenden encontrar la felicidad que en sí mismos no han hallado. Aparte ya de la primordial injusticia que aún se conserva en nuestra ley, de que tan sólo el adulterio de la mujer, por ser el que produce escándalo y el único que puede tener consecuencias graves, es penable, lo cierto es que tampoco nosotras, las mujeres, podemos aceptar ni con mucho el otro criterio de que la mujer pueda matar a su marido casi impunemente, al igual que aquél puede hacerlo respecto a ella como en la actualidad. Ello nos parece injusto y absurdo destrozo de una pretendida igualdad. Lo que nosotros debemos luchar por obtener es que no se convierta en realidad esos preceptos legales, eliminando de nuestra moral ese viejo y carcomido concepto de una fidelidad que en los más de los casos no se respeta en la práctica, o si se hace es a costa de una violencia. Todos los amores libres han tenido que mantenerse al margen de la ley, porque habían surgido, para desgracia de sus protagonistas, cuando los dos o uno de ellos aparecían indisolublemente ligados a otros seres en quienes no habían logrado hallar la anhelada felicidad. ¿Quiere esto decir que lo justo y lo eficaz sea el hacer más inflexible, más moral, más dura la penalidad haciéndola extensiva al hombre, que en el 101 por 100 de los casos se salta a la torera la ley y la moral con todas sus consecuencias...? No. Todo lo contrario. Ello es esclavizar más y someter a esta presión, para desgracia suya o por lo menos su preocupación, a mayor número de seres. Y nuestros anhelos deben ser de libertad para todos o para los más, no de opresión. Por ello, el delito de adulterio debe empezar por ser eliminado de nuestro Código. Y una vez logrado esto, ir obteniendo, por una educación sexual paulatina y metódica, lo que hasta aquí no ha podido tener realidad: la desaparición de esos celos absurdos y de esa idea, no menos falsa, de una propiedad totalmente errónea, no sólo del cuerpo del otro cónyuge sino de su amor y devoción para toda la existencia. Esto que los hombres han remediado con la bigamia o poligamia cuando les era posible, con el adulterio casi siempre y ahora con el divorcio, es exigencia legítima de la humana naturaleza. Legalizarla y ampararla debe ser nuestro deber.

LOS CELOS

Uno de los mayores obstáculos con que la libertad ha chocado en su desarrollo ha sido el de un hábito rancio por su abolengo y por su esencia y de profundo origen psicótico, esto es, apartado de lo normal; pero en el que todos los hombres civilizados han ido cayendo para desgracia suya lentamente, unos porque realmente lo sentían, otros porque la educación y el ambiente han contribuido a arraigarlo en ellos. A combatirlos por absurdos, por falsos y por profundamente inmorales debemos dedicar todos nuestros esfuerzos. Pero indiquemos primero lo que son.

Antes que definir psicológicamente los celos, preferimos analizarlos como un módulo ético. La finalidad fundamental del hombre es la felicidad. Y para ser felices dos individuos, como las naciones deben ser libres, en la máxima medida posible, para perseguir y alcanzar esa dicha según la ley de sus genios. Y los celos, según hoy los sentimos, son opuestos a todo intento de liberación. Donde ellos existen, la libertad no existe. Estos empezaron con las batallas brutales de los primeros machos humanos por la posesión de las hembras. Biológicamente fue provechoso para la especie que el macho más fuerte y bravo se propagase, y el más débil quedase postergado hasta hacerse él también un campeón, porque esas luchas sin armas rara vez serían fatales. Biológicamente fue ventajoso que la hembra eligiese y optase por el macho más útil, pues por este método, la selección aparecía autocráticamente indicada con precisión científica. Desgraciadamente, todos nosotros nos esforzamos en laborar durante nuestra existecia por la injusticia y la impostura. Luchamos, pues, por un ideal huero; pero como en el fondo del alma reina nuestro descontento, el infierno ha trasladado sus angustias a nuestra existencia en esta lucha absurda por procurar civilizarnos más cuando lo que hacemos es retroceder a una vida de barbarie y de injusticias.

El caso de los celos es en realidad un problema de civilización, que según las tendencias ésta se agrava o desaparece. Por ello, se presenta actualmente un tipo de celos que un tiempo dio lugar a verdaderas tragedias, y que hoy es juzgado como absurdo ante la moralidad. Cuando dos hombres se declaran a la misma mujer y ésta rechaza a uno de ellos, nadie piensa hoy que el preterido tenga derecho alguno a reclamar daños y perjuicios del agraciado o a darle muerte, por mucho dolor que le cause el verse postergado. Ese dolor, por lo mismo que se juzga inevitable, se pasa hoy con más o menos amargura, igual que la pérdida en un juego en el que se ha puesto un profundo interés vital. Cuando entre los cónyuges se acabe el amor por parte de unos de ellos y el otro aún lo conserve, éste no deberá quejarse nunca, puesto que nadie tiene realmente la culpa de que aquel proceso, a un tiempo fisiológico y psicológico, haya tenido lugar. Y sin embargo, ante la sociedad, ello es penable con el desprecio moral, con la pena del adulterio, con muchas otras que no son sino simples trabas al verdadero derecho de libertad en el amor que debe tener todo individuo. Todos debemos acostumbrarnos a la idea de que el amor puede y debe acabarse, teniendo para ello un legítimo derecho ya reconocido y justificado, lo que haría que nos apercibiéramos para esa contingencia, y que sufriéramos menos cuando ella se presentase que cuando ahora estimamos que el amor es susceptible de propiedad y que es un crimen que nos priven de él o nos lo arrebaten. Hace falta modificar todas las propiedades, y por consiguiente ésta tan absurda propiedad del amor.

EL CRIMEN PASIONAL

Como resultado de esta fatídica intervención de los celos, más desarrollada en los países de espíritu meridional, acaso también por el afán impulsivo y dominador de sus habitantes, vemos en todo momento el crimen pasional. Constantemente ante los Tribunales de Justicia pasan estos actos, en los que la mujer es siempre víctima para asegurar la majeza del hombre, y afirmar más sus pruebas bien equívocas de virilidad. El hombre que ha de recurrir a estos extremos para probarla es porque en el fondo, como aseguran muchos científicos, los celos no son otra cosa que unos formidables perturbadores, en los que el hombre reconoce, porque a ello se ve forzado, su inferioridad ante la posibilidad de que la mujer, no satisfecha física o espiritualmente de él, pueda buscar en otro una más adecuada y absoluta satisfacción a esas sus necesidades o aficiones. Nosotros, que tenemos en todo momento una repulsa para el crimen pasional, y para su ejecutor, no podemos por menos de sentir también hacia éste una cierta conmiseración. La desgracia mayor de aquel hombre ha estado, no en los años de cárcel a que le condenen y en los que una tranquilidad y hasta satisfacción llena su ánimo hasta donde es posible, sino en los años, meses y días de incertidumbre, de preocupación, de doloroso reconocimiento de aquella su inferioridad. Si el hombre hubiera recibido una educación lo suficientemente explícita para que comprendiera hasta dónde llegaban sus derechos sobre la mujer a la que estaba unido y cuáles eran las libertades que podían concederse uno y otro impunemente, y las que cada uno tenga la obligación de garantizarse mutuamente, estos actos no sucederían. Con extraordinaria frecuencia, asimismo, los ejecutores de crímenes pasionales son enfermos o locos. Esto se explica teniendo en cuenta que tan sólo un enfermo es incompleto sexualmente, y cuenta que tan sólo un enfermo moral —vulgo loco, aunque dentro de la locura existen las más varias gradaciones— es capaz de matar haciendo uso de una costumbre que, aunque reconocida por la sociedad como posible y existente, es penada bárbaramente por una ley, que en su injusticia no vacila en castigar lo mismo que ella tolera y exalta. El crimen pasional es desde luego reprobable; pero más que por la persona del criminal, por la de la sociedad, que ha incubado a estos delincuentes, que tienen de la moral, de la mujer y del amor un concepto desde luego absurdo y falso; pero que se lo ha enseñado la misma sociedad que los ha creado y la misma religión en que han sido educados. A ellas, pues, la culpa de estos hechos. A ellas también la responsabilidad.

URGENTES TRANSFORMACIONES DE LA MORAL SEXUAL

Existe un delito más extendido y aún más grave que los de la homosexualidad o prostitución, acogido entre los repliegues de los viejos Códigos, y que forzosamente en una cada vez más urgente reforma sexual habría de desaparecer. Por adulterio los delitos no son ya de hecho penados ante la conciencia popular, aunque suele siempre acogerse el ofendido a los estatutos en los que se prohíbe. Pero frente a legislaciones como la de Nueva

York, que no da la ciudadanía a quienes cometen adulterio, hay otras, como las de otro Estado norteamericano, Maryland, en el cual el adulterio tiene una pena máxima, que es una multa de diez dólares. Cuando se ve la desproporción entre unas y otras legislaciones, y se comprende que la moral sólo puede ser una, nosotros estimamos que lo más sutil y lo que menos provocaría la extrañeza sería el eliminar en absoluto estos hechos del concepto de delitos. La vida sexual es libre en tanto no perjudique la subsistencia, la seguridad física o moral de otro ser. No veamos la gravedad que en sí encierra un adulterio ante la vieja moral, y en contraposición la pena ridícula de una multa máxima de diez dólares. Estos países norteamericanos, tan poco amigos, porque con frecuencia incurren en este defecto, de caer en el ridículo, deberían evitar estos hechos, a lo menos por estar en razón. Hagámoslo nosotros por espíritu de justicia, de cordura y de sensatez.

SOLUCIÓN A ESTOS PROBLEMAS (RUSIA)

Tan sólo en unas breves palabras expondremos la situación en este país, como único medio de llegar a una solución definitiva. Una formidable organización ha logrado allí que en la actualidad la sífilis y la prostitución hayan disminuido de modo unánime y atrozmente. La absoluta libertad de amor y de elección, la no trabazón de leyes reguladoras del matrimonio ni de uniones legítimas o ilegítimas, y demás normas tolerantes con esta libertad de disposición corporal y espiritual, han hecho en Rusia casi inútil a la prostituta. En España la mujer honesta necesita del matrimonio para entregarse con todas las legalidades a un hombre. Allí puede hacerlo libremente, con o sin contratos, y no tan sólo puede hacerlo, sino que ante la moralidad, ante el «qué dirán», el juicio ajeno, no es un hecho reprobable, sino natural. El hombre y la mujer pueden, pues, satisfacer sus instintos o sus afectos libremente. El amor mercenario, el amor pagado, no tiene razón de existir donde el amor de verdad y la atracción sexual pueden cumplir su cometido, libremente, sin traba ni molestia alguna por la ley ni por la sociedad. Ha habido, pues, dos medios empleados en Rusia para poder triunfar: uno, el directo de lucha contra la prostitución unido a la lucha contra la sífilis y el alcoholismo; otro, el indirecto de propugnar la libertad en el amor que ha destruido de raíz esa institución de la prostituta, que no es más que una prueba de que la sociedad busca por todos los medios ese amor y esa libertad que ella misma egoístamente y siguiendo necios prejuicios no se concede.

LA EDUCACIÓN DEL SEXO

Nosotros estimamos que la educación del niño pasa por muy diferentes fases, según la edad en que se inicie o en que se continúe. Vemos las diferentes gradaciones o etapas en que se divide la edad en la que el niño es susceptible de aprender desde su nacimiento hasta los dieciocho o veinte años. Hay, por lo tanto, esta serie bastante larga de años; pero en realidad muy corta si se tiene en cuenta la magnitud de la labor que hay que desarrollar para poder escalonar la labor educativa del padre. Ante todo afirmamos que es el padre, por eminentes médicos y pedagogos que haya, quien debe desarrollar esta labor. Ni al maestro mercenario ni al médico, con ser mucho más capaz, no por ello menos desconocedor de los móviles psicológicos del niño, aunque los fisiológicos estén relativamente a su alcance, corresponde definitivamente esta labor.

El sexo, por otra parte, tiene un desarrollo aún más profundo desde su iniciación en aquel momento en que aparece, según Freud, la primera tendencia subconsciente del niño, que se ofrece hasta en sus primeras orientaciones en el «complexo de Edipo», y la que comienza con la existencia de la criatura, hasta los instantes en que definiéndose cada vez más profundamente, en esa lucha señalada entre los dos sexos, cuya coexistencia en el factor hombre está plenamente probada, llega en la pubertad al vencimiento definitivo de un sexo o del contrario, labor que más tarde se perfecciona y termina. La misión paterna debe ser la de procurar a cada hijo, según su sexo, una educación y orientación diferente, dentro de la comunidad y de la coeducación absoluta posterior. Los juegos, las diversiones, el trato con personas de diferente sexo, todos estos factores de los que muchos padres no suelen ocuparse, tienen un interés extraordinario. El niño reposado, al que le gusta almacenar «cacharritos» y que es un descanso para la madre, no tiene verdadero sexo varonil; en la lucha que se mantiene en el interior de su organismo está venciendo el «eterno femenino». La educación apenas denota esta desviación de índole puramente sentimental, aunque no llegue a ser fisiológica, debe ser más intensa en sentido opuesto. La niña bullanguera, que salta con los muchachos, que gusta de trepar y de «enredar» con esas travesuras muy propias del aventurero espíritu varonil, revela en ella un predominio de esta tendencia que es preciso eliminar u orientar. La coeducación, la comunión, sólo cabe en la inteligencia. Hay que dar a los dos sexos la misma cultura, la misma educación, en los mismos parajes, con los mismos libros y para los mismos fines, pero hay que mantener dentro de cada niño el sentido profundo de su sexo y de su carácter específico de acometividad o de relativa timidez. En cada oficio, en cada profesión, hay un sector en que la mujer tiene un campo y el hombre otro. Aunque laboren juntos en la obra común, aunque planteen los mismos problemas, hay que procurar que ellos conserven desde niños sobre cada uno de ellos un punto de vista diferente. Esa es la misión trascendental de las madres, que están más en contacto con sus hijos, para evitar equívocos desgraciados en un mañana. Esa es la labor de verdadera educación sexual, educación fisica diferente, educación intelectual, común. Iguales en la inteligencia, donde no puede haber discrepancia; pero desiguales en las aficiones, en los gustos, en las aptitudes.

Ahí está la clave de la diferenciación suprema de los sexos. Ahí es donde debe radicar el verdadero anhelo del feminismo. El que la mujer sea igual al hombre en capacidad, pero fundamentalmente distinta en sensibilidad. Si pierde su apreciación particular y típica, la mujer no será un «tercer sexo», como dicen los antifeministas; será un ser cuya naturaleza física se habrá torcido por una deficiente orientación familiar cuando estaba realmente capacitada para dirigirse hacia el bien.

Apenas el sexo se aproxima al estado de definición absoluta, que es la pubertad, empieza para los padres el problema de la iniciación sexual. Tan escabroso es, tomando escabroso no en un sentido pornográfico, sino como etimológicamente representa, tiene tantos escollos que los padres suelen alegrarse de advertir por cualquier muestra en la conducta de sus hijos que ellos conocen ya —directa o torcidamente el mecanismo de los sexos—, y al creerse relevados de cumplir esa obligación.

La iniciación sexual, según Martial y D. Vachet en la *Comunicación a la Academia de Medicina de París*, incumbe a los médicos. Primero —dicen— se les hablaría a los niños del acto sexual, como muy serio para la mujer, a la que puede acarrear la muerte, le lleva desde luego al término de la salud y en todo momento al sufrimiento. Se les podría llevar fácilmente a una mayor cordura en los juicios. Se les podría citar constantemente, y reforzándolas, las estadísticas de las prostitutas infectas; se les hablaría de la mentira que esas promesas de amor encierran; de la bajeza en el disfrute de esos placeres comprados; del disgusto que más tarde se experimenta. Y terminan diciendo: «Ahora, que lo que se haga en la escuela no sea contradicho en el hogar». Pero es que aunque sean aceptables las conclusiones de Martial y Vachet, dejan en pie el problema que radica en el conocimiento que tengan esos niños del acto sexual y de la misión específica de cada sexo. Tal vez se podría obviar el problema, viendo los medios expuestos por Russell en su *Pedagogía*, y divulgados en algunas otras naciones, de enseñar a los niños textos de Anatomía y de Fisiología que le hicieran comprender cómo una materia más, sin darle más importancia que las restantes, las diferencias de cada sexo, y paulatinamente la misión por ellos llamada a desarrollar.

Es este el medio de mantener su inocencia, directamente, sin engaño ni rodeo alguno, llegando a la revelación sin querer hacérsela, como si nada hubiera que descubrir, siendo lo averiguado como un conocimiento más que es útil conocer. El cuidado de la escuela estaba, pues, resuelto. El de la madre en el hogar estaba en aislar definitivamente de sus conversaciones, de su trato, en procurar alejar al niño de otras compañías de muchachos mayores y dejarles en una libertad vigilada y cuidadosa, haciendo los esfuerzos ya indicados por Martial y Vachet de que lo que se haga en la escuela no sea contradicho en el hogar. La madre debe responder a las preguntas que el niño le haga, con claridad y rapidez. Serán preguntas en cierto modo científicas, de curiosidades, que al niño le interesarán sobre esas materias que estudia. La madre no debe callar ni dudar nunca; debe contestar y seguir en su labor. El niño entonces no tiene interés, como si se tratara de quebrantar una negativa pertinaz o de vencer una ignorancia en la que querían dejarle sumido, buscándose explicaciones a aquellos hechos incomprensibles.

Paulatinamente, lentamente, el niño llega de este modo al conocimiento de los hechos. Una

Fisiología Superior en todos los estudios, o esas enseñanzas en la escuela, o en los talleres para niños, cuya iniciación se haya realizado, completarán la labor. El cuidado esencial de orientación es para antes de que esta iniciación se realice. Después es el instinto mismo el que responde inconscientemente las cuestiones y dudas que se planteen. Un niño sano, ocupado en su trabajo, con una tutela en el hogar que no coarte su libertad, sino que siga concediéndosela, pero adiestrándole en el uso de que de ella deba de hacer, proseguirá su vida normal. En este aspecto, la labor desarrollada por Martial y Vachet es indispensable. Hoy no se vacila, no ya en Rusia, donde se inició en 1919, sino en muchas naciones, en poner desde las escuelas carteles, pruebas gráficas de los daños del alcoholismo. Igual debe hacerse esta propaganda escolar, sencillamente natural, contra la sífilis y la prostitución. Propaganda escrita, primero; oral, más tarde; por el cinema educativo, en todo instante. En cuentos, en películas apropiadas a las inteligencias de los niños, debe dárseles esta orientación y esta ruta. Últimamente leía yo un cuento sencillo, cuento infantil, y en el que se daba una profunda lección en este sentido. Se trataba de una niña que no tenía más que una cama de juguete y un cochecito, y al que su padrino regaló tres muñecas. Encantada con las tres, eligió aquella a quien prefería por parecérsele más, y era a ella a quien, no obstante el dolor de las otras muñecas y el suyo propio, acostaba en la camita y sacaba a pasear en el coche. Hasta tal punto llegó la rabia y el dolor de las otras muñecas, que una noche «llegaron a las manos», y a la mañana siguiente, cuando la nena despertó, halló a sus tres muñecas rotas y destrozadas a los pies del único coche y de la única camita. Y sacaba el cuento la moraleja de que no se pueden tener tres muñecas cuando sólo se tiene una cama y un coche. Con medios similares, en este aspecto como en los restantes de problema sexual, creo yo que podría lograrse esta definitiva orientación del espíritu infantil en un sentido de castidad, que no es ñoñez, y de consciencia, que no es pornografía.

PATERNIDAD CONSCIENTE. PLANTEAMIENTO DEL PROBLEMA

¿Existe y puede darse la conciencia de hecho en la paternidad...? ¿Dónde empieza? ¿Dónde termina? Innegable la necesidad y la «realidad» de esta conciencia, aunque haya muchos que pretendiendo exaltar la divinidad del momento «conceptivo» aseguran que este es, por lo mismo, inconsciente. Falso, totalmente falso. La divinidad no es nunca inconsciente, sino, por el contrario, más capaz en el momento de crear sus obras. Y la conciencia del hombre empieza en ese periodo preparatorio del «noviazgo», que no es mero pasatiempo, sino comprensión espiritual y aprendizaje en el arduo sentido de sacrificio que le espera, y se continúa porque no tiene fin en la labor de educador del nuevo ser, haciendo de la cualidad de paternidad el jefe de su existencia, el faro de su vida, en torno al cual su actividad física o moral no son más que acidentes que obedecen a una misma y suprema voluntad. La conciencia paterna no termina nunca, aunque terminan los hijos, porque el hombre tendrá siempre como individuo una posición de «educador» respecto de la humanidad, y podrá sentir antes y después las alegrías de concebirse un poco padre de los demás hombres. Porque este nombre de padre, con todas las propiedades que trae inherentes, es lo más sublime, lo más perfecto que puede darse en la naturaleza.

Problema difícil éste de donde radica la conciencia de la patemidad, y susceptible de las más hondas y adversas críticas. En parte, porque se le suele complicar con otros problemas que, aunque interesantísimos en sí, no guardan con el meramente sexual una relación directa. Este problema de la paternidad consciente implica dos períodos: el del momento de la concepción y el de la educación del hijo. En el primero, es en el que más se discute la posibilidad de que pueda existir consciencia en el hombre y aun en la mujer. Sin embargo, para un hombre que haya tenido a gala el adquirir una cultura o conocimiento sobre estos problemas, este momento es el de la suprema consciencia. Los hechos lo prueban constantemente. Desde el momento en que el hombre ha pensado en su sanidad y en la de la mujer a quien se une, entra ya la consciencia preconcepcional. La postconcepcional, aunque inmediata al acto, es asimismo comprensible. El hombre que no desea aumentar su prole, y que sabe que cuenta con la conformidad de su mujer, debiera evitar las consecuencias de aquel acto, que sólo habría de dar por resultado una familia numerosa y a la que le sería imposible sostener. Tal el aspecto tan trascendental de la conciencia humana. El pre y el postconcepcional. Consciencia que hoy le impondrá tan sólo la voluntad, y que mañana será el Estado quien se encargará de imponerla a los rebeldes y dañosos, limitándoles por su cuenta el número de hijos al de ciudadanos que pueda mantener el Estado sin más que el esfuerzo cotidiano y normal. Pero donde la consciencia real del padre entra es precisamente en el periodo educativo. Durante cuatro o cinco años, por lo menos, el niño habrá de vivir vida interna, esa vida en la que desarrollará sus facultades, sus deseos y su inteligencia en el hogar. El padre deberá imponerse la obligación de hacer de éste un santuario de paz y de alegría, un punto en el que reine simplemente la felicidad y no la desgracia, en el que el cariño y la educación de su parte constituyan el ambiente definitivo en el que el hijo se habrá de mover y actuar. Por ello, si el padre no está en condiciones de conservar el hogar durante esa etapa, es preferible que lo abandone definitivamente y lo deje a cargo de la mujer a que esté dando a los hijos prueba de su bestialidad, de sus desengaños, de sus celos y hasta de su barbarie. El padre debe imponerse el sacrificio de abandonar toda palabra malsonante que pueda quedar grabada en la placa de cera que es la mente de su hijo. Deberá estar pronto en todos los momentos, que todos son útiles para esa labor, a desarrollar y cultivar la inteligencia de su hijo, ejercitando sus facultades, haciéndole más listo, más comprensivo. Un nuevo término que el niño aprenda, un nuevo rincón de la casa que conozca, un cuento más que se le narre, todo ello forman los cimientos de aquella personalidad infantil, en la que esta primera orientación habrá de quedar para siempre grabada. El niño debe crecer libre, sin imposición de creencia religiosa alguna. No hay nada que más pierda a los individuos que la creación desde muy pequeños de los hábitos de rezar —por ejemplo—, a que muchos padres les acostumbran, aunque más tarde no les haya de importar que sean descreídos o renieguen de su situación anterior. El niño tiene tanto derecho a la independencia de su conciencia, que el padre habrá de mirar mucho antes de crear en él ninguna costumbre, que no esté seguro de que no haya de poder chocar más tarde con las tendencias libres e impulsivas del hijo. Y ese respeto, que hace inviolable la conciencia del niño, le da a éste la garantía de que será respetada su libertad en esos momentos en los que no puede hacer uso de fuerza para defenderla. Que sean los propios padres quien, erigiéndose en tutores de sus hijos, que no otra cosa son, y no dueños como muchos erróneamente se creen, tomen a su cargo el defender estos derechos del alma del niño a permanecer libre y sin hábitos ni orientaciones en un sentido o en el contrario. El mayor valor del niño está en la inocencia y en la espontaneidad, nunca en lo que se hace por costumbre y por ritual. El padre que contribuye a que su hijo adquiera el hábito de rezar, lo que hace es matar parcialmente el espíritu del hijo tan querido, condenándolo para siempre a ser la víctima de todos los prejuicios. Esa es la suprema lección de consciencia que habrán de aprender los padres que como tales deseen comportarse.

LA ESCUELA MODERNA

Nosotros debemos, al analizar este epígrafe, ver en la escuela su honda trascendencia para la psicología infantil, y, por consiguiente, el valor que tiene, ya que la escuela es el mundo del niño en el que éste se desenvuelve en la mayoría de los casos; y de la educación que se dé en la escuela depende su situación y su punto de vista ante los problemas futuros. Por ello, cabe admitir dos hipótesis: o dejar que en la escuela se analicen los problemas sexuales cuando empieza el despertar del instinto, esto es, tres o cuatro años antes de la pubertad —escuela retrasada—, o que, por el contrario, la escuela se adelante y tome al niño de entre los brazos de la madre, apenas existe posibilidad de formación sexual y a un tiempo psicológica. En el primer supuesto, la labor del hogar y dentro de ella, de la madre y el padre en segundo término, es más intensa y ofrece mayor responsabilidad, ya que tiende a que el sexo del niño se vigorice y se defina. Es, pues, una etapa en la que la madre ha de cuidar ante todo del desarrollo físico del niño, procurar crear en él nuevos hábitos que sean la trama de su subconsciente que haya de imperar para siempre en su existencia. En el segundo supuesto, a la escuela habrá de corresponder esa misión, en todo momento más difícil, dada la imposibilidad, aunque la escuela sea lo suficientemente moderna, de que se convierta en un hogar distinto para cada pequeño y adaptado al desarrollo físico y mental de éste. No hay que tener ese terror tan extendido a la escuela a base del sentido disciplinario de ella, ya que en una escuela modernamente orientada, esa disciplina que ha hecho recordar a algunos pedagogos puramente la del cuartel, a los niños se les concede un máximum de libertad moral dentro de las más ligeras restricciones materiales, y se procura desvirtuar el concepto de que los niños son allí lo secundario y los maestros lo esencial, con el hecho de que al niño se le debe, inspirándole confianza y concediéndole un crédito de expresión libre y adecuada, consentir que dé su criterio y desarrolle su juicio sobre los problemas que estudie, sin ver en ellos meros temas memorísticos, sino, por el contrario, susceptibles de ser analizados y criticados. Veamos, pues, las frases que a la escuela moderna dedica Elisabeth Goldsmith en su obra *La conciencia sexual en el niño*: «La escuela moderna, finalmente, es un laboratorio donde mediante una verdadera observación del niño, de esta manera natural, se les puede asesorar a los padres respecto a las actitudes de la infancia, a fin de salvaguardar la dinámica energía del niño, en vez de brindarles métodos conducentes a aminorar su curiosidad y sus actividades». Tengamos muy en cuenta estas palabras y extraigamos la oportuna consecuencia. Hace falta una escuela capaz y orientada, pero también un hogar aún más capaz. La madre que tiene que atender a las reclamaciones de los hijos de muy distintas edades y muy numerosos, no tiene ánimo ni tampoco la suficiente adaptación para responder a las preguntas de unos, a las curiosidades de otros, al desarrollo de los restantes, sino que tiene que estar en absoluto dedicada a ellos, y aun así, viéndose obligada a aislarlos en cuanto a esa satisfacción de su curiosidad, con lo que el niño a que se le somete a ese régimen ve en ello un motivo de misterio, y aquellos que perciben ese criterio de excepción desarrollan aun más su avidez en pro de ilusiones o esperanzas aún no realizadas, con lo que todos ellos, si son lo suficientemente sanos para ser bullangueros y curiosos, llevarían a la madre a un estado mental que terminaría con su resistencia física y moral si tenia el afán de educarlos y orientarlos bien, o la obligarían a dejar que aprendieran en la calle, en contacto con seres depravados o con personas mal intencionadas, aquella orientación que ella, por el excesivo número y por el excesivo lujo de cuidados que habrá de prodigar a sus otras ocupaciones, no habrá podido darles. Terrible dilema para la madre. En él está la puerta franca del control de la natalidad. La madre que no tenga más que para educar a un hijo, que no tenga más que uno; la que tenga para más, que los tenga espaciadamente, cuando crea que el peso se ha aligerado y está en condiciones de poder dedicar sus energías al servicio de un nuevo ser. Cuando la escuela moderna abre sus brazos al niño, la madre puede, si así lo desea y cuenta con medios económicos, físicos y morales para ello, entregarse a la labor de formar otro hijo, otorgándole todas las enseñanzas que la teoría que ya conocía primero y la práctica en el primer caso después le han hecho atesorar.

LOS PEDAGOGOS

Uno de los problemas realmente más complejos de esta nueva actuación modernísima es el de los seres a quienes habremos de encargar del cultivo y desarrollo de la infancia. Hasta ahora, gran número de esos pedagogos son reclutados entre hombres tan entregados al estudio, que las otras facetas de su vida (emocional y sexual) no tienen la debida repercusión. Y si bien ello es una facultad apreciable, puesto que indica una relativa superioridad intelectual, lo cierto es que el pedagogo, moderno teorizante de las nuevas doctrinas o aquél que simplemente reúna la primera condición, deberá tener en un futuro, para enfrentarse con una muchacha vivaz y ágil, una honda preparación sexual, y al propio tiempo una experiencia emocional lo suficientemente grande para poderle dotar de una comprensividad hacia los anhelos de sus discípulos. Schmalhausen ha recalcado bien este punto. Y no se crea que estos hechos no tienen trascendencia en la vida futura del alumno. La tienen, porque estos profesores «anticuados», guiados tal vez por un sentido de envidia, pretenden evitar que los estudiantes lleguen en ese plano sexual y emocional a una libertad y felicidad que ellos no han logrado. El grito de Pedagogía Eugénica deberá ser la libertad para los alumnos, que los son en definitiva todos los niños de la futura generación. Pero el mayor grito de rebeldía será, en tanto los pequeños no lleguen a estar en condiciones de recibir esas enseñanzas fuera del seno del hogar, el de reformar la organización pedagógica universal, para que en la selección futura se mire, no tan sólo la inteligencia, sino el amor a la profesión, la vocación, la aptitud para esta enseñanza, cualidades todas que hacen tanto más apreciable la figura del futuro profesor —desde el primario hasta el universitario—, por lo mismo que valdrán para aureolar su figura de un halo de mayor simpatía para el alumno, pues el éxito de la enseñanza depende en gran parte del agrado y claridad del profesor. Si el alumno se da cuenta de que a su lado está un profesor que le comprende, que ha sido niño como él, con todas sus vacilaciones y sus problemas, y sabe que con él puede franquearse, hallando con él afecto, la natural experiencia, sentirá hacia su profesor esa comunidad de ideas y de espíritus indispensable en esa relación armónica, que habrá de ser en todo momento la pedagogía —enseñanza para que se vuelva a enseñar— cadena única en que se resume toda la existencia de la humanidad.

LA TESIS ANTICONCEPCIONAL

Esta tesis que en todo momento tratamos de defender como indispensable se prueba forzosamente ante todos los hechos. Dada la complejísima educación sexual que es preciso dar a cada niño para que llegue a ser un ciudadano cercano o en vías de perfección —aspiración mínima de todo padre— dado el esfuerzo que habrá de representar para éste, que tendrá que convertirse en psicólogo, pedagogo, médico, etc., resulta, aparte los móviles económicos, de una verdadera inconsciencia el que los padres tengan una familia sin capacidad de dotarles a todos de esta educación indispensable desde su primera infancia, sin capacidad de darles un oficio o una profesión intelectual; que no es dársela el estar ocupados pensando cuándo cumplirá el niño doce o catorce años para que pueda ingresar como aprendiz y ganar una peseta, sino procurarle los conocimientos técnicos adecuados para que al conocer el oficio sepa también cómo ejercerlo, no convirtiéndose en un autómata, triste situación de muchos obreros aun en la actualidad y que les hace aborrecer el trabajo, sino hacerlo inteligentemente, hallando en él aplicación a sus actividades y procurando que sepa el precio de su rendimiento, y que graduándose a sí propio sepa también no otorgar al patrono injusto, porque no comprende el verdadero valor del esfuerzo obrero, más que lo que aquél sabe que es justo dar por el salario que reciba. La técnica de los oficios, la técnica de una profesión intelectual no se aprende ejerciéndola mecánicamente y con el afán de sacarle ya fruto desde el primer día; de este modo sólo se mata en el niño el verdadero afán de hallar solaz en el trabajo y sólo busca en él la remuneración con que atender al sostenimiento y a las necesidades de la familia, que él por ser cada vez mayor, y por consiguiente más en condiciones de sentir, percibe mejor. Por razones de índole material, pues, porque la mujer se debilita y depaupera su organismo; por razones de índole económica, porque le es imposible atender a su subsistencia; por motivos psicológicos de mejor y más completa educación, sacrificándose siempre en beneficio de los nuevos seres que vengan a la lucha, debemos aceptar esta tesis que revela cómo se va extendiendo ese estado de opinión en ondas sucesivas que van llamando a todas las clases sociales.

LA CRISIS DE ALOJAMIENTOS

Actualmente, en las grandes ciudades se presenta una terrible crisis: la de alojamientos. No ya una vivienda higiénica y confortable, utopías mayores hoy que las de Tomás Morus o Campanella en su tiempo, sino ni una vivienda pequeña y económica se encuentra hoy ya en el centro de las poblaciones. El proletario se encuentra reducido a emigrar a los barrios extremos, o a permanecer en las partes más lejanas dentro del radio de acción de la ciudad en míseros cuartos interiores mal ventilados, húmedos, en casas de «corredor», de patios estrechos, de lóbrego aspecto. El proletario aquí, a la vuelta de su trabajo, se encuentra con un aire irrespirable, con un ambiente enervante y tóxico. Busca con placer el alejarse de su hogar, se va a la taberna a buscar ese tópico del que se han hecho eco muchos literatos, y que es, sin embargo, una gran verdad: «beber para olvidar». Con ello complica aún más su situación, pues diminuye el jornal, escasea el alimento de su mujer y trae al mundo hijos con el germen atávico del alcoholismo o de la sífilis. De la crisis de alojamiento se deriva la degeneración del obrero actual. Sus hijos, criados en ese horrible ambiente, buscando el respiro de las calles estrechas y polvorientas como el más higiénico parque y la más anhelada diversión, se crían enfermizos, débiles, muchos no subsisten, los más enferman. Otro factor más que prueba la tremenda responsabilidad que contrae el hombre al traer al mundo tres, cinco, siete seres que habrán de morir o vegetar infectados por los bacilos, en la más desoladora incuria y abandono.

LA CRISIS DE ESCUELAS

Nunca se hablará bastante de la crisis de escuelas. Nunca se hallarán, mientras no se imponga más honda transformación social, los medios para resolverla totalmente. Los hijos de esos proletarios que como todos tienen derecho, cuando menos, a una elemental instrucción, se ven rechazados del medio ambiente, de la escuela, lujo realmente oriental que rara vez llegan a disfrutar. Malas, muy malas son la mayoría de las escuelas oficiales, y no por incompetencia del profesorado, sino por falta de medios con que desarrollar su labor pedagógica, pero ni aun ese resquicio de instrucción se consiente al pequeño proletario. Habrá de permanecer infectando su cuerpo, corrompiendo su espíritu, degenerando su inteligencia entre el fango de la calle, escuela de todos los vicios, y cuando llegue a hombre, cuando empiece para él la terrible peregrinación en busca del trabajo, será un proletario peor, más inconsciente, más sin cultura, más incapaz, y en vez de cooperar a la redención de su clase contribuirá a su ruina. ¿Hay derecho, padres proletarios, a contribuir a esta labor pésima para vuestros hijos y para las futuras generaciones...?

LOS DERECHOS DEL NIÑO

Frente al derecho del padre, por muy sacrosanto, por muy respetable que sea, se alzan potentes los derechos del hijo, de ese niño cuyas garantías no son tan sólo las de un cariño sin límites y de una serie de sacrificios inútiles, únicas que les ofrecen a manos llenas los padres, tienen derecho a una vivienda higiénica, a una alimentación sana, a una instrucción mínima. Tiene derecho a que se le respete su desarrollo físico e intelectual y a que sus padres no se vean en la triste necesidad de mandarlos a un taller, de «botones», de «chico para recados», con el fin de ayudar también a los gastos de la familia, cada vez acrecentados por los hermanitos más pequeños, que van en aumento. ¿Se garantizan debidamente estos derechos del niño? Pues entretanto todos los niños del mundo, todos esos obreros del futuro tienen hoy el derecho de alzarse con esa su mirada febril en sus coros hundidos y demacrados, frente a todo ese ejército imponente por su miseria de proletarios y pedirles cuentas con esa pregunta suprema de tan honda tragedia. ¿Y para vivir «esto» nos han traído al mundo? ¿Por qué? ¿Por qué? Y ese porqué seguiría vibrando en la atmósfera, latente como la suprema interrogación que los niños, cuando se transforman en hombres y ven, unidas a la miseria de su situación, la amargura de la lucha, se hacen invariablemente ante los primeros vasos de vino, que habrán de ser la primera intoxicación grave de su organismo, débil y enfermizo.

Yo quisiera hacerme aquí portavoz del juicio de esos miles, de esos millones de futuros proletarios, y preguntar a los que hoy ocupan sus puestos en el ejército del trabajo: «¿Por qué les habéis traído al mundo?». Yo estoy segura de que todos bajarían la cabeza avergonzados, lamentándose de que la inconsciencia de un momento de placer hubiese traído sobre ellos, y sobre las cabezas de esos hijos tan adorados, todo un horrible estigma de miseria y toda una tremenda traba para la redención futura.

UN CASO TRÁGICO

Como uno de tantos, como un suceso más sin otra importancia que la que le presta por un momento un «reporter» fatigado por el trabajo del día, ha venido en la prensa recientemente un caso trágico, y que es una prueba más a mis argumentos. En la calle de Francisco de Rojas, número 10, próxima a Mataderos, habitaba un matrimonio joven de poco más de veinte años que llevaba aún no tres de casados, y ya contaban con cuatro hijos. Los dos últimos, dos niñas mellizas, eran mantenidas por la madre, pues contaban escasamente dos meses, ayudándose aquélla con leche condensada. Las niñas, débiles, y la madre, más floja aún, resistieron durante este tiempo. Al fin un día, la madre, como de costumbre, les dio de mamar a las doce de la noche, y cuando despertó al siguiente día halló a las dos mellizas yertas. Extraño el caso, presentada una denuncia, los resultados de la autopsia de las pequeñas ha comprobado que las dos han muerto por «miseria fisiológica», esto es, por debilidad de naturaleza y por carencia de alimentación adecuada. La madre, que inconscientemente del delito cometido ha traído al mundo en dos años y medio a estos cuatro seres, consumiéndose a sí propia, sin poder reponerse para darles la suficiente vitalidad y energía, habrá sufrido un dolor intensísimo con la muerte de esas dos lindas criaturas traídas a este mundo de lágrimas y risas, pero del que ellas no vieron más que la agonía de la insuficiencia hasta perecer. Y ella no se habrá dado cuenta porque no ha habido quien se haya cuidado de enseñárselo, que el daño estaba en ella, precisamente en ella, que no ha sabido, limitando su descendencia, graduando su prole, traer al mundo aquellos hijos que su marido estaba en condiciones de sostener más tarde y ella de concebir con vitalidad, primero.

Un caso más que quedará olvidado para muchos, en el que la mayoría no habrá parado atención. Para vosotros debe ser una llamada al orden.

Ese caso es de una familia obrera. Ha sido protagonista un matrimonio joven, recién casado, en la flor de la ilusión y de la vida. Podéis ser también vosotros protagonistas de otra tragedia igual. Aprovechad al menos este ejemplo, pensando en que es cruel agotar a vuestras mujeres, consumirlas y privarlas de fuerza y de vitalidad, pero en que es francamente criminal traer a la vida nuevos seres que sólo habrán de venir para sufrir y para llorar.

CARNE DE CAÑÓN

Todos vosotros os habréis oído llamar en algunas ocasiones proletarios. ¿Pero sabéis lo que ese término significa...? De procedencia latina, valía para designar a las «gentes pobres de Roma que no contribuían a la República más que con sus hijos para la guerra». Sentido doloroso y sin embargo real. Esa es la aplicación que dan a vuestros esfuerzos, la única orientación posible que juzgan para vuestros hijos. Vosotros contribuís exclusivamente para la guerra, para convertiros en «carne de cañón» que no haya de merecer ni siquiera los honores de ser enterrada, sino el de elevarle un patético mausoleo en nombre del «soldado desconocido», en que unas lágrimas fingidas, unas lujosas coronas y unas cuantas visitas prestigiosas, vengan a significar ese falso y vergonzoso pseudodolor de las clases poderosas a quienes el dinero y el mando han embotado hasta la sensibilidad. No queremos monumentos al soldado desconocido. Queremos, como decía el propio Remarque, con un rasgo de «ingenua ironía» en su *Sin novedad en el frente*, que peleen los jefes de los Estados que son quienes se han disgustado en un *match* de boxeo para diversión gratuita de los pueblos que no han intervenido en la contienda. Actualmente los hombres de Estado, representativos de la clase burguesa y capitalista, se alarman ante el descenso de la natalidad en algunos países, estimando que «en caso de guerra, el ejército nacional no estará lo suficientemente nutrido de gentes dispuestas a dejarse matar por razones de Estado». Ahora recuerdan aquellas medidas que antes del conflicto mundial tomaron Francia, Alemania e Inglaterra con el fin de favorecer la maternidad con premios y favores apadrinando a los futuros vástagos, el káiser, el rey y los presidentes de repúblicas, y criados de este modo como cerdos cuyo número se procura aumentar paro servir de elemento de número en los futuros combates. Al escuchar su rumor hemos de pensar en esta humanidad que va aumentando la procreación de la mujer que lleva su inconsciencia hasta el punto de no dudar en traer al mundo hijo tras hijo, que no ignora habrán de ser víctimas en los campos de batalla. Los sacerdotes, obispos, papas que, en nombre de una religión como la cristiana, misericordiosa y justa en sus principios, bendicen los cañones destructores y los ejércitos fratricidas, ciegan aún más la inteligencia de estas mujeres y embotan en lo posible la sensibilidad. Las madres, tan prestas a sacrificarse por sus hijos, deben saber que ni aun aumentando sus dolores en una procreación mayor sirven los intereses de su clase, sino los del Estado, esto es, de personas cuyos afanes les son totalmente ajenos. El día en que la religión católica se sitúe en su verdadero punto y deje de engañar con este espejismo las mentes de las pobres mujeres se habrá terminado buena parte de este sacrificio, y la mujer se verá forzada a reconocer la falsedad de su primera postura ante problemas e instituciones en los que ella ni siquiera ha intervenido autorizándolos con voto. Actualmente la nación que más abiertamente mantiene la ofensiva contra el descenso de la natalidad y el aumento del régimen abortivo es Italia. Cuando un régimen dictatorial, tan absurdo como el fascista, afirma que ello va en contra de su existencia, prueba que el fascismo quiere muchos ciudadanos, ya que ve para Italia la perspectiva de una nueva gran guerra en que todos estos seres se hundan y aniquilen. Como ejemplaridad vergonzosa, como estímulo para esta lucha, veamos unas frases que condensan todo el espíritu condenable del fascismo. Umberto Notari, en su último libro *La fatica nuziale*, termina su obra con estas palabras: «Italia, así poblada, podrá vencer no en una sino en diez guerras. Italia podrá hacer suya a Europa entera y construir un imperio más vasto que el de César, de Carlomagno, de Alejandro el Grande, de Jorge VII, o de la Casa Blanca».

Pero han cambiado mucho los tiempos. Mussolini lo querrá. Los «camisas negras» se aprestarán a exigirlo. Pero el pueblo italiano, el que hoy aparece sojuzgado y el que fuera de Italia lucha por la redención de su patria, ese pueblo rebelde deberá alzarse contra el fascio y contra la Iglesia romana que tan hábilmente transige con estas doctrinas de bárbara intolerancia. Este pueblo, como el español, como el de las demás naciones, debe saber que tiene el derecho a disponer de la vida de sus hijos, carne de su carne, por encima de las disposiciones de un Estado o de un déspota. Y que se acabaron los «proletarios», cómodamente utilizados para el único empleo a ellos abandonado en su totalidad, el de «carne de cañón».

SENTIDO DEL AMOR

Tarea inútil, ardua y compleja sería el tratar de definir ni remotamente el amor. Por lo mismo que es algo tan etéreo, tan sublime que no admite definición alguna, nosotros no queremos añadir una más a tantas como de él se han dicho. Posiblemente, a nuestro juicio, el amor no existe como tal concepto abstracto y genérico. El amor es una mezcla cualitativa y cuantitativa de instinto o atracción sexual y de amistad, tomando este término en su más exacto significado de compenetración y buena armonía mutua. Por ello, todos los filósofos y poetas que se han preocupado de definir e investigar sobre los orígenes del amor han fracasado, puesto que no han logrado dar una experiencia concluyente y, por el contrario, se han limitado a definírselo cada uno, según su estado de conciencia. El amor ha sido, no obstante, una cosa tan complicada que muchos hombres no han vacilado desde los tiempos más remotos hasta en personificarlo. El hacerlo en un niño es, sin embargo, a mi juicio, un error. Es suponer que el niño sea un sabihondo, niño precoz en todas las cuestiones igual de índole sexual que sentimental, y el niño parece el ser más alejado de estos candentes problemas. Sintetizarlo en un anciano con canosa cabellera e intenso caudal de experiencia sería tal vez más correcto pero menos estético. Haberlo hecho en un adolescente con toda su irreflexividad y su entusiasmo nos hubiera parecido más natural. Pero el hecho es que los antiguos lo infantilizaron y redujeron. Y, sin embargo, posiblemente los mismos que esculpieron el primer Eros hallaríanse en aquellos momentos heridos por las flechas que ellos estaban poniendo en mármol o piedra, esto es, absolutamente inofensivas, en su fingido carcaj. ¿Para qué seguir? Nosotros dudamos sinceramente de la existencia del amor como tal amor. No queremos con ello descorazonar a románticos y sentimentales. Por ello no negamos rotundamente su existencia. Pero exista o no, cuidémonos nosotros de auxiliar su labor para que ella resulte eficiente. Prestémosle al amor los ojos que a él, por su ceguera, le faltan. Y seamos quienes conscientemente le orientemos en el sentido de nuestra propia voluntad. El hombre que ha llegado a dominar o a parar hasta las fuerzas ciegas de la naturaleza, puede también ejercer su dominio sobre esta otra fuerza ciega hasta aquí. En el momento en que el hombre vea que su voluntad soberana se impone sobre esas que él hasta aquí ha estimado como pasiones irresistibles, a las que por comodidad se abandonaba para justificar muchos de sus actos irreflexivos, dejará de creer en el amor.

IDEA DE LA LIBERTAD

La libertad tiene un sentido muy distinto y polifacético. Existe una libertad de índole material y otra de orden intelectual. ¿En cuál encuadraremos esta libertad en el amor...? Material por los medios con que llevarla a la práctica, espiritual por la finalidad que persigue y por los factores que en ella intervienen, la libertad de amar ofrece hoy un aspecto doble, de dos caras, a cuál más importante. La libertad, que es en los primeros tiempos la más elemental y legítima aspiración del hombre, que más tarde es ya un deseo insatisfecho que se trunca en absoluto en la Edad Media con el feudalismo, que desaparece con las monarquías, y que hoy es aspiración de revolucionarios por lo mismo que el hablar de libertad bajo un régimen monárquico como el que hemos padecido es catalogarse como rebelde, existe en potencia asimismo en el amor. Pero le falta su realización. Oculta por toda una serie de prejuicios, muy pegada hasta aquí a la tierra por el lastre de la grosería que en vano se ha pretendido arrancar de ella, al fin parece que va camino de levantar el vuelo. La libertad no implica otra idea que libre disposición de lo que es de uno, el cuerpo, sin otra restricción que la vida del nuevo ser que pueda salir como fruto de la unión pactada. Para dotar a esa nueva vida de todas las condiciones indispensables para una subsistencia ordenada y metódica, la sociedad interviene, cuando el hombre, consciente de sí mismo, no ha sabido evitarlo, apartando de su finalidad puramente de placer aquella otra que pueda tender a reproducirse físicamente. El que no esté en condiciones materiales ni morales de tener un hijo, que no lo tenga, aunque ello no le impida vivir con aquella mujer que haya elegido. Aquel que sienta el afán de educador, el instinto de la paternidad, puede recoger un hijo ajeno, si a tan lejos lleva ya su altruismo o su desinterés. Lo primero que el hombre tiene que aprender es la parte más desagradable de todas las cuestiones, y en este caso es la de que habrá de adquirir la convicción de que no tiene derecho en modo alguno a dar vida a nuevos seres sin la autorización de esa sociedad que ellos van a venir a engrosar y que debe tener la garantía de la sanidad y medios de lucha de sus nuevos ciudadanos. La libertad en el amor no es, pues, todo alegría ni placer. También hay, pesando sobre ella, con un carácter más grave e imponente, el sentido de la responsabilidad que se contrae.

LOS POSTULADOS TÉCNICOS DE LA LIBERTAD DE AMAR

Con dificultad podremos condensarlos, puesto que se da el curioso caso de que ningún pensador, aunque muchos han tratado este tema, se han preocupado de fundamentarlo científicamente. Con gran frecuencia nos encontramos entre nosotros, y particularmente en la literatura de Polonia y Rusia, con defensores de la tesis del amor libre. Sin embargo, esta denominación tan corriente es en absoluto incompatible con nuestro sentido práctico. El amor no puede ser libre como aspiración porque ya lo es. Dondequiera que esa libertad no existe habrá atracción sexual o miras de interés y conveniencia, pero amor, en el verdadero sentido del término que comprende una atracción de doble matiz corporal y espiritual, no. Por ello, nosotros, en nuestro afán de reformar todo lo que consideramos totalmente anticuado, habremos de intentar destruir ese viejo paradigma de que el amor es ciego. Nosotros también coincidimos con las consideraciones de Sheller, que ha manifestado que el amor no es ciego, como venía siendo representado desde la antigüedad, sino, por el contrario, clarividente, puesto que adivina entre mil personas la elegida, y descubre en ella cualidades excelsas, ocultas al ojo indiferente del que no está enamorado. La libertad en el amor se funda para su tesis en que dondequiera que el amor pueda fijar su penetrante y aguda mirada, pueda tener libertad y estar en condiciones de satisfacer al punto sus deseos. El amor, por su propia naturaleza, ya es libre, y haciendo alarde de esa libertad se ve obligado a detenerse tan sólo ante la barrera que una ley anticuada y una moral más anticuada todavía, como marcada por las religiones, han venido a fraguar.

La libertad en el amor necesita que los que la practiquen sepan también cómo utilizarla. Una libertad perfecta, pero que valga tan sólo para satisfacer meros instintos que en los más de los casos van en contra de los sexos y de su eugenesia, no es verdadera libertad, es realmente libertinaje. La libertad exige, pues, como única traba la de la finalidad de los hijos sanos. Siempre que no se llegue a este fin, ya porque sea imposible biológicamente, ya porque prudentemente se evite, la libertad no tiene el menor obstáculo en su camino. Todos debemos tener la convicción de que somos dueños de nuestro cuerpo para hacer con él tan sólo lo que nos aconseje nuestra conciencia, sin que una ley ni una moral vayan a impedirnos estas libertades porque todos los actos que ejecutemos, cuando no van en perjuicio de tercero, son absolutamente legales y absolutamente morales también. Ese es, pues, el campo de acción de la libertad en el amor y es también su única traba. Es el principio y la meta. No olvidemos, pues, que la libertad, sagrada palabra a la que se han dedicado tantos cantos y que ha inspirado tantos movimientos, no tiene otro superior jerárquico en el mundo sexual que la eugenesia. Esta sí, como un superior incontestable, y no tiene otro tutor que el de la propia conveniencia en la limitación de la prole. El viejo concepto del amor como un idealismo romántico, ante el que todo cedía y para el cual no cabía pensar en consecuencias futuras, debe desaparecer de nuestra conciencia. Todos debemos hacer lo posible por infiltrar en nuestra mente la idea de que si tenemos derecho a ser libres en todos nuestros actos, tenemos la obligación de velar por el respeto y por las garantías de esa libertad. Si se siente una pasión por un individuo del otro sexo que por sus capacidades físicas no está en condiciones de traer al mundo un nuevo ser, que sería forzosamente un enfermo, un idiota o un degenerado, nosotros no podemos en conciencia contribuir a llenar hospitales, manicomios, cárceles de seres así horrorosamente tarados. Nadie nos priva de que satisfagamos esa pasión. Pero sabiendo también que ella no habrá de tener consecuencias trágicas, funestas en nuestro porvenir y en el de la humanidad. Libertad en el amor siempre, sin más mira ni más finalidad que el placer y la felicidad, sin más limitación que el propio placer y la propia felicidad, de los nuevos seres, que es en todo momento por su inconsciencia muy superior a la nuestra. Digamos también nosotros con el maestro Marañón: «Renunciemos a este equívoco romántico y dañino. Los poetas nos maldecirán. Pero la bendición de nuestros hijos nos consolará de sus maldiciones. Y a la postre, los poetas nos darán también la razón y dedicarán los sonetos a la eugenesia como hoy se los dedican a la Luna».

LA FINALIDAD DE LA LIBERTAD DEL AMOR

La finalidad que la libertad del amor pretende es procurar reforzar y organizar en lo sucesivo la sociedad bajo un régimen de mayor e innegable amplitud. Nosotros no hemos pretendido nunca, al defender esta tesis, ir a plantear y a proponer para las generaciones futuras un hecho que nosotros mismos hubiéramos de juzgar con una inmoralidad. Estimamos, por el contrario, que el desarrollar en las personas por todos los medios a nuestro alcance esa aptitud de poder elegir es uno de los mayores beneficios que podemos reportarle. Para ello la libertad en el amor debe ir acompañada de una preparación anterior eficiente e indispensable. No se la puede predicar y tratar de llevar a la práctica si no tiene un conocimiento lo suficientemente claro y explícito de la responsabilidad que con ello se contrae. Para muchos, particularmente para algunos jóvenes desaprensivos, el problema de la libertad del amor se resolvería simplemente con un retozo brutal y sin la menor finalidad. Para los que sepan que, puesto que se les otorga una libertad, la sociedad tiene también derecho a garantizar su uso, la libertad de amar será, no una facilidad al problema sexual, sino una mayor responsabilidad. Antes, con el matrimonio, quedaban cancelados todos los compromisos, nadie era responsable de lo que después sucediera, ni de la enfermedad de uno o del otro cónyuge, ni de sus despilfarros, ni de ruina de sus malos tratos, ni de la incompatibilidad de caracteres. En la unión libre, en la que cada uno es capaz de romper el vínculo puramente moral que les ata, existe un mayor incentivo por parte de ambos de conservarlo, y existe también la responsabilidad que la sociedad ecuánime habrá de encargarse de existir. En la libertad del amor los hombres cumplirán sin obstáculo alguno la finalidad reproductora de la especie o la de satisfacción de sus necesidades o de sus deseos. Lo que no habrán hecho es poner una serie de crímenes bajo la tutela oprobiosa de una ley egoísta a quien no importa destruir el derecho de los débiles con tal de amparar al fuerte, el propio hombre, que la ha hecho, como es lógico, en beneficio propio. Por eso, muchos que aspiréis, cuando estas frases lleguen a vosotros, a poder practicar también en una era mejor esa libertad en el amor, muchos que la creáis ya próxima o que pretendáis ejercerla en la actualidad, aun dentro de las restricciones existentes, no creáis que ella va a ser, en el momento en que se implante, medio de satisfacción sin trabas. Todo lo contrario, libertad en el amor por lo mismo que será una adquisición revolucionaria tendrá que ofrecer a la sociedad nueva que la instaure las suficientes garantías de que con ella habrá de mejorarse al menos la trágica institución familiar, cuya influencia sobre la organización universal ha sido tan funesta.

ENSEÑANZAS PARA EL HOMBRE

Por un egoísmo personal, la posición más útil y más cómoda para el hombre es la de la renunciación. Mientras pueda conservar el cariño que un tiempo codició, consérvelo en buena hora. Cuando aquél se le escape, déjelo marchar, que nunca habrá de faltarle amor sincero o mercenario con que consolarse de la pérdida. El hombre que se rebela contra la indisolubilidad y perpetuidad del vínculo contraído y que no tolera una ruptura ante la voluntad de la mujer, aunque la autoriza y desea cuando es su voluntad la que la solicita, no tiene un sentido justo y adecuado de los términos. La justeza de éstos radica en saber amoldarse al ambiente, y en saber llevar a la práctica el criterio mantenido. Quien abomina del matrimonio y cae en sus redes, es tan ilógico y ridículo como el que, dispuesto a romper el vínculo con el abandono o el alejamiento cuando a su gusto le acomode, protesta y lleva a vías de hecho esta reacción cuando quien decide sobre este abandono o alejamiento es la mujer. La primera y trascendental reivindicación del feminismo bien entendido deberá ser ésta de la absoluta propiedad por uno como por otro cónyuge del amor y, por consiguiente, su libre disposición. Ni celos ni crímenes pasionales. Fórmula pacífica una, rebelde la otra, con que se condensa este sentir, las dos son expresión de una pseudocivilización bárbara en su espíritu y en su conducta que en un afán imposible pretende establecer y garantizar una propiedad como puede hacerlo con una hipotea sobre una finca u otro bien inmueble sobre esta cosa tan espiritual, sutil e incomprensible que ha sido, es y será el amor.

LA ACTITUD DE LAS MUJERES

Estos problemas del amor en relación con el matrimonio no han preocupado a la gran mayoría de nuestras mujeres, aunque parece que todas se interesan por el último término de este problema. La mujer, y particularmente la española, ha llevado en lo más profundo de su espíritu la idea de que debe de ansiar y aspirar porque el amor llame a sus puertas inconscientemente, aunque ella, en vista de su tardanza, haga todo lo posible por provocarlo, y al propio tiempo se le enseña a que juzgue que las cuestiones sexuales son absolutamente groseras, y sin la debida fundamentación técnica para que corresponda a una mujer el poder tratarlas y estudiarlas independientemente. Y este profundo subconsciente hereditario que domina a buen número de nuestras mujercitas es tan poderoso que hizo pensar a Huntington sobre estos mismos problemas, relacionándolos con un caso de verdadera ejemplaridad que él conocía, y que, aun totalmente ajeno a este problema del sexo, muestra como obra la temprana e inconsciente educación. Un amigo del investigador, judío por cierto, hubo de adquirir la creencia de que el cerdo era un alimento íntegro y deseable para lo hombres que hicieran una vida activa fuera de sus casas durante los fríos meses del invierno.

Nuestro hombre emprendió la cría de algunos cerdos, vio que el trigo limpio y bueno se convertía en carne saludable de aquellos animales, convencióse luego de que la matanza se había operado en las condiciones sanitarias debidas y vigiló el aderezo de uno de los cerditos. Intelectualmente en cuanto era consciente de ello y emocionalmente, estaba dispuesto a darse un agradable banquete de cochinillo asado. Lo comió muy gustoso pero, con gran sorpresa de su parte, hubo de ponerse muy enfermo y dio de lado el plato. Fácil es explicarse lo ocurrido. Nuestro hombre se había educado en Rusia con sus padres y, tanto éstos como la comunidad, establecieron en su inconsciente una reacción negativa muy fuerte para esta clase de alimentos. Tal reacción había llegado a formar casi tanta parte de su maquinaria refleja como su innata tendencia a estornudar cuando el interior de la nariz se irrita en cierta forma. Este acondicionamiento negativo para con el cerdo persistió ya en él siempre, y por más que hizo no logró vencerlo. Tal es la repulsión innata que la mujer suele tener a abordar los problemas sexuales que tan honda influencia ejercen sobre su conciencia. Sin embargo, una educación que data ya de una generación en los demás países ha cambiado, si no radicalmente, paulatinamente los hechos. Sin necesidad de recurrir a las pruebas del juez Rinds, el hecho de que la prostitución y el número de casas de mal vivir disminuye es una prueba de que los jóvenes hallan su adecuada sustitución en las relaciones con miembros del otro sexo, aunque de diferente posición social. Por ello dice y termina así su trabajo Beatriz Forberston[1], titulado *Lo que las mujeres quieren*, que, aunque publicado hace catorce años, a las mujeres españolas les parecerá de una extremada rebeldía: «Si estuviéramos abocados a tener que elegir entre el "matrimonio de prueba" y el "amor libre", de una parte, y la "prostitución" de otra, no vacilaría en pronunciarme a favor del primero, y creo que lo mismo harían todas las mujeres de alma pura, dotadas de conocimientos médicos, imaginación y piedad».

LA MUJER Y LOS HIJOS ILEGÍTIMOS

Existe en la actualidad una fórmula sometida a discusión sobre los principios de la maternidad

[1] Se refiere a Beatrice Forbes-Robertson (1883-1967), escritora, conferenciante y actriz británica, defensora del sufragio femenino y de los derechos de la mujer (N. de la E.).

libre y del derecho de la madre a decidir por sí misma de la suerte de sus hijos y de su porvenir. En el programa checoeslovaco, donde se ha planteado, se dice que se aceptarán sin oposición las reivindicaciones que concierten la igualdad de la mujer en el derecho matrimonial y sus revisiones fundamentales. Después de tres años están hoy luchando en Checoeslovaquia por conseguir aún una ley que proteja a los niños ilegítimos, las madres y los hijos de padres divorciados. Se trataba hasta aquí de obligaciones elementales que solicitan ir acompañadas de sanciones. Este año, el doctor Alfred Meissner, ministro de Justicia, presentó en el Senado un proyecto de ley que promete ya como plausible la ejecución de esta reivindicación. La protección se extiende afortunadamente a las mujeres separadas, a los padres que se encuentran en necesidad, y establece la sanción de uno a seis meses de prisión. Esperan las mujeres checoeslovacas que el Congreso aceptará estas reivindicaciones, pues estiman, y con justicia, que ellas corresponden ya a las necesidades de las mujeres que trabajan, y que ello dará al programa del Partido Socialista una mayor capacidad de atracción. Lo indispensable para nosotros es luchar entretanto por que bien pronto puedan estar las mujeres españolas en condiciones de pedir lo mismo. Felices las que «ansían». Felices los que «solicitan». Quien tiene un ansia y sabe mantener una ilusión hace honor a sus más relevantes cualidades de hombre y de ser civilizado. Quien se limita a vivir una vida monótona, sin estridencias, sin preocupaciones, paria de una sociedad a cuyos bajos fondos ha llegado ya el clarín de la rebeldía que ha encontrado hasta aquí en la mujer una casi impenetrable sordera, no es mujer, es un simple ser animado que vive y siente porque a la naturaleza no le ha dado el capricho todavía de dejarla sin vivir y sin sentir. La preocupación es la única razón de ser del individuo. Mientras la mujer no se preocupe de sí, serán inútiles nuestros esfuerzos. Yo saludaré con alborozo el día, que no espero que sea lejano, en que detrás de la reducida falange que nosotros formamos aún veamos una masa de mujeres ávidas, de mujeres rebeldes, de mujeres inquietas. Nos bastará. Ese día será el definitivo de la salvación de España. Mientras el hombre labore revolucionariamente en la calle, y la mujer en el hogar temple sus entusiasmos con el jarro de agua fría de sus recriminaciones, la revolución no será un hecho consagrado total o indestructible en España. Y hace falta que el tan decantado espíritu de sacrificio y de heroicidad de la mujer se pruebe en los momentos cumbres y aprenda que su misión sigue siendo la de sacrificarse, no por personas, sino por ideales, no por falsas y ridículas gazmoñerías, sino por verdades científicas. La mujer que se dedique a esta labor con apasionamiento habrá asegurado la libertad en el mundo, y la humanidad podrá entrar segura y consciente en la nueva etapa de civilización. Llevará la fuerza del luchador, pero también la convicción y el fuego del apostolado.

LA MISIÓN DE LA MUJER ANTE LA EUGENESIA

Las circunstancias que constituyen el medio en que se desenvuelve ordinariamente la mujer hacen suponer que ésta tiene hoy una obligación trascendental de estar al tanto de las cuestiones eugénicas. Porque la eugenesia es una ciencia integral e indispensable, ya que es la ciencia de la vida. No creemos que ello es falso o aventurado. Todo lo contrario. La eugenesia tiene para la mujer mayor trascendencia, porque si la misión del padre es interesante, la de la madre es aún más vital, más absoluta; la madre da vida, mantiene, crea todas las células del nuevo organismo. Bien es verdad que la mujer sin el factor hombre no es nada, pero ello es algo así como el valor del pedernal sin el eslabón o viceversa, que se relativiza y hasta desaparece. Una mujer «madre en potencia» podrá tener más valor cotizable en este absurdo mercado humano que hemos creado de bellezas y pseudobellezas, pero una mujer «madre en presencia» tiene un valor aún más importante y positivo. Y la suprema enseñanza que la madre habrá de ir aprendiendo lentamente en la iniciación trabajosa a que se la obliga es la de sus deberes para con la salud. Deberes que hasta aquí no han sido advertidos y que son, sin embargo, vitales. La mujer debe, al saber hacer uso de su derecho de elección, pensar en que lo hace no tan sólo por un mero estímulo de su corazón o una mera rebeldía, sino por la proyección de su vida sobre los hijos futuros. Si la madre no puede sacrificar a la hembra, sobre ella la responsabilidad única. Que no cargue a la sociedad con el producto de aquella unión que la humanidad no le ha solicitado y ella le ha donado tan impensada e irreflexivamente. La madre debe aprender que no tiene derecho a complicar la vida de sus hijos ya nacidos trayendo al mundo nuevos seres. Cuantas veces al salir a la calle tropiezo con esos diminutos arrapiezos, chiquillas desaseadas y ya trabajadas, con la cesta de la compra o cargadas con pequeñuelos, pienso en la tragedia de estas «hermanas mayores» de los hogares proletarios. Ellas, las que ayudan a la madre. Ellas, las que suplen su labor impotente para desenvolverse en tantos y tan múltiples aspectos. Ellas, las únicas hormiguitas, víctimas de la casa. Porque para ellas no volverá ya la infancia perdida, ni los días de sol y de alegría, ni el descanso, ni la escuela, ni las amistades infantiles. Pasará de aquella infancia triste a una mocedad trabajada en el taller, en la fábrica, hasta volver a constituir otro hogar proletario como aquel en que ha nacido, y volver a pasar privaciones y amarguras y a seguir en su inconsciencia despreciando la lección de la vida, y teniendo hijos y más hijos para complicar, al propio tiempo, la situación de éstos como la suya propia. La civilización contemporánea, en sus concepciones revolucionarias, ha elevado a la mujer a la categoría de miembro y colaborador de la sociedad que ella forma al igual que el hombre. Lo que no ha podido lograr esa civilización es «civilizar» a la mujer. Lo está pretendiendo, pero es indispensable que esta preparación no se limite a un estudio, a una carrera, a una participación en la vida pública; es indispensable que la mujer alcance en unos años lo que el hombre ha obtenido en siglos. La labor para con la mujer tiene la obligación de ser más intensa y más eficiente. Lo que nosotras, algunas mujeres que luchamos en ese campo, lamentamos más es tropezar con muchachitas y con mujeres hechas ya que se ríen de estos problemas o no los aprecian o no saben ver en ellos su contenido trascendente para la vida futura, y que creyéndose más poderosas en un falso pudor, que es sólo ridícula gazmoñería y vicio encubierto, evitan hasta el tratar estos temas, por demás útiles y eficaces. Cuando a la mujer no sólo no le aterrorice el pensar, sino que sienta que para ella es una necesidad el «pensar», tendrá el deseo imperioso de buscarse temas nuevos sobre los que desarrollar su inteligencia y su actividad, sentirá la afición de discutir y reformar, y la mujer será entonces eminentemente revolucionaria, pero no para destruir, sino para construir y elevar nuevos conceptos que sustituyan a los ya juzgados como caducos y falsos. Dichosa era aquélla en que todas las mujeres o, a lo menos, la mayoría ejerciten su derecho a pensar. ¿Qué importa que les conquistemos hoy ese derecho, si habrá de volver al olvido por la inacción a que lo releguen? Pobres mujercitas, pobres mujeres españolas que parecen haber seguido fielmente la máxima de aquel rector de la Universidad de Cerbera, que, cuando siguiendo dictados absolutistas de Fernando VII clausuraba las universidades, al igual que en los tiempos actuales, cerró las aulas diciendo con absoluta pero estúpida sinceridad: «Lejos de nosotros la funesta manía de pensar...».

EL SENTIDO DE LA MATERNIDAD

El profesor español Luis Huerta, figura ya destacada en el eugenismo internacional, hace presente, tratando de la crítica de las Sesiones del Congreso Eugenésico de Copenhague, sobre estos mismos temas, «que la maternidad consciente es el único medio de mejorar a la madre haciéndola más culta, no sólo por su afán, sino por el de mejora del hijo, contribuyendo así a apartarla definitivamente de la esclavitud en que se halla». La madre que es capaz de todos los sacrificios para beneficiar al ser querido, no puede apartarse de éste. Debe ser ella misma quien se abstenga de procrear cuando reconozca que va a labrar la infelicidad del nuevo ser, no sólo mientras esté a su lado, sino cuando tenga que iniciar la dura lucha por la vida, y debe ser ella también la que sepa, aprenda y tenga como un deber ineludible el educar sexualmente a sus hijos, orientarles fisiológicamente, dirigirles en sus instintos y en sus hábitos. Ya no basta para ser madre con la acción de la naturaleza. Hace falta ser muy culta, mucho más que una mujer corriente, porque aquella cultura habrá de polarizarse en el nuevo ser. Para ser madre en los tiempos modernos hacen falta cada vez mayores sacrificios, más grandes abnegaciones. Pero si no luchamos por beneficiarnos de este modo, no sólo será el perjuicio para nuestros hijos, sino que al propio tiempo perjudicaremos a la humanidad futura, estancándola para siempre en su actual estado sin permitirle más renovación que la que le puedan prestar unos cuantos seres engendrados bajo este régimen de excepción que no debe serlo sino normal, de generalidad y de conducta universal para todas las mujeres que aspiran a ostentar el glorioso título de MADRE.

EL MATRIMONIO EN ESTA ÉPOCA

El matrimonio actualmente ofrece para muchas mujeres, tal como la soltera norteamericana, uno verdadera imposibilidad de ser llevado a la práctica. El matrimonio, dice Forbes, es la «cruz para las mujeres de esta época de transición». El matrimonio representa hoy una verdadera tragedia. Herido de muerte por la institución del divorcio no puede ofrecer ya ninguna posibilidad. La mujer actualmente que puede casarse y romper ese vínculo no tiene prisa por contraerlo, suele hacerlo tardíamente; luego la necesidad en que se ve de guardarse una vida independiente, o aquella otra que le reporta su placer de estar el más tiempo posible alejada del hogar tradicional, hacen que marido y mujer no vivan ya esa existencia realmente familiar. Por eso mismo, la mujer, en parte guiada por este su afán, en parte por poder facilitar su divorcio si llega a verse obligada a solicitarlo, procura evitar los hijos. Sabe que el divorcio llegará cuando ella o cuando él quieran y que esos hijos podrán mantenerlos él o ella independientemente, puesto que cada uno de ellos seguirá teniendo su capital y ninguno de ellos habrá perdido, como aquí, su posibilidad de ganar el diario sustento en la lucha por la vida. De este modo, el matrimonio no tiene ya razón de ser. ¡Con cuánta frecuencia nos hablan de la vieja y carcomida institución matrimonial evocándola con dolor poetas y soñadores!

El matrimonio hoy no existe más que en la apariencia, es un bello fantasma, pero privado de personalidad. Poder deshacerlo definitivamente instaurando la definitiva libertad de acción para los dos sexos debe ser una aspiración de toda mujer que se sienta realmente moderna. De lo contrario, el matrimonio, que fue edificado un tiempo sobre unos cimientos de necesidades humanas y de condiciones que hasta aquí permanecieron y nos parecieron inmutables se renuevan y modifican, y el matrimonio, por consiguiente, seguirá cambiando hasta que acabe por encontrarse totalmente en hueco, de vacío, en la actual sociedad, y tenga que ceder el paso a una nueva institución más libertaria y menos absolutista que sepa apreciar el poder de la acción del «libre albedrío» humano para regularse toda su existencia y muy particularmente ese aspecto tan trascendental de su desarrollo amoroso. ¿Volverá el matrimonio? Lo ignoramos. En un nuevo Fénix que tal vez renazca de sus propias cenizas. Sin embargo, a nosotros, moralistas y pensadores, no nos debe preocupar el futuro sino todo lo contrario, el presente y sus posibilidades de acción. Y el hecho innegable es que el matrimonio ha muerto, y que si hoy se conserva es tan sólo deshecho y reducido por guardar las formas. Viejo castillo en ruinas que, demasiado vergonzoso para mostrar a la faz pública su propia desnudez carcomida y destrozada, pretende, con la subsistencia de unas cuantas docenas de ladrillos mohosos, asegurar su realidad. El definitivo golpe de piqueta de la nueva generación que está hoy en marcha pondrá en claro ese vacuo problema del amor que, oculto tras esas murallas hasta aquí indestructibles, atraía y deslumbraba cuando en realidad no tenía existencia propia; también a esa misma generación le tocará el pasar por encima de esas ruinas y de esos escombros de lo que un tiempo fueron ideales queridos y orientarse definitivamente hacia una nueva meta, un nuevo ideal en el que todos cifren su aspiración común. Los que formamos la nueva generación —que no se forma tan sólo por la edad, sino muy especialmente por el sentimiento— llevamos un guía sabio y tutelar, el de la eugenesia, y llevamos también un conocimiento claro de la responsabilidad única del amor y de sus posibilidades. Por eso nosotros ya no volveremos atrás. Continuaremos nuestro camino equivocados o triunfantes, pero llevando la convicción de que habremos puesto de relieve a la humanidad el hecho innegable de que el amor y el «tabú» o privación sexual con que un tiempo quiso limitársela y constreñírsela, no tiene hoy más existencia que la que hayan querido darle literatos inconscientes o perversos redomados que, vampiros de una religión, pretendían con tan absurdos equívocos cohibir a las masas y retenerlas bajo su férula en el preciso instante en que ellas, habiendo percibido el primer vislumbre de libertad, se han lanzado decididas hacia él. Ese ha sido el magno error actual de la religión católica, el de su propia intransigencia. Cuando en un futuro pretenda adaptarse a las modernas evoluciones del pensamiento, ¿cree ella misma que volverá a encontrar adeptos entusiastas y fervorosos en hombres que no lleven ya la venda de una falsa inocencia sobre los ojos, sino que vayan con la pura y limpia actitud de un rebelde consciente...?

TIPOS HUMANOS

Tipos dotados de una inmensa tragedia, que ellos valgan para recordar a todos gráficamente algunas de las más conocidas degeneraciones y taras a que da lugar una desviación del instinto.

El alcohólico

Abotargado, con ojos febriles y mirada inquietante, que se le tuerce en guiños abstrusos e incomprensibles. Con la nariz cargada del calor que le resplandece en el rostro, rodeándolo de una aureola. El pelo caído, lacio y revuelto sobre la frente de la que la sangre late con violencia. El cuello doblado sobre el cuerpo desmadejado y flojo en el que la curva en zigzag de las piernas marca una semejanza con el pelele. ¡Pobre pelele humano!

Aquella noche, ya de madrugada, volverá al hogar, orientándose a tientas. En él, una mujer pobre, desharrapada, tiritando de frío junto a la lumbre apagada. Los rostros encogidos y mustios de unos cuantos pequeñuelos. Uno es idiota, aquél ha sido víctima ayer de un ataque, otra prematuramente envejecida conserva en su raquitismo extenuado el rostro de una mujer sumida en sus preocupaciones. Él ha llegado y les ha hecho alejarse con unas palabrotas y un brusco ademán. Pero han vuelto a cobijarse y él ha cogido un palo y ha empezado a recriminar a la mujer, presa de unos celos torvos e inadmisibles. Ella, acostumbrada ya, procura esquivarle. Al fin, intentando golpearla cae del taburete, y la sangre brota de sus sienes, por efecto del choque de estas con el borde de la mesa. A la mañana siguiente aparecerá en las columnas de un periódico este desenlace. Otra vez será la mujer, acaso alguno de los hijos, las víctimas. Pensemos nosotros. Mañana, esos hijos, perpetuando esos caracteres atávicos repetirán en su hogar la escena que habrá de alimentar a diario los reportajes de sucesos de los periódicos espectaculares. Y la humanidad seguirá tolerando impasible el aumento de todos esos seres, tarados e indotados para la vida, que proseguirán su ruta lentamente, a golpetazos con el mundo sin finalidad alguna, sin placeres y sin amarguras, embotada su sensibilidad, viviendo en su inconsciencia la vida bestial de lo que tiene el hombre de más repugnante.

El sifilítico

Señorito libertino. Tiene la lengua destrozada y corroída por el microbio destructor. En los ojos, un tiempo provocadores y valentones, adviértese esa legañosidad tan peculiar de los enfermos venéreos. Hoy el señorito, como siempre, habrá ido a correr una juerga. Entre flamencos y prostitutas, y alegrías fingidas y amores pagados, el señorito habrá vuelto al hogar de madrugada, amustiado y enfermo. Pero aquel mismo día, horas más tarde, el señorito regalón habrá de ir a «hacer la rosca» a una costurerilla decente del taller vecino. Habrá de continuar el cortejo de su seducción infame. Y cuando ella caiga y un hijo venga a hacer alborear para la madre una etapa que debiera ser de venturas, ella, destrozada, podrida, sólo podrá dar a luz un ser infecto, una piltrafa humana que la inclusa se encargará de recoger con su fingida piedad, o que la mano de la madre ahorcará más piadosa para ir a parar a un fétido muladar, principio y fin de todos los vicios.

¡Pobre madre! Ahora gemirán en tu contra las ridículas damas sensibleras, contra ti se alzarán airadas todas las voces, y mientras dejan caer implacables el fuego indeleble de la deshonra, tú purgarás culpas que no has cometido, víctima de tu cariño, de tu irreflexión. La noche en que tú entres en el presidio a cumplir tu condena, el señorito apuntará en el calendario de su vicio la juerga mil y dos.

El loco criminal

Es un hombre aún joven. Viste con relativa modestia y con desaliño indudable. Ofrece un rostro macilento y una expresión de tristeza o de arrebato. Va a sentarse en el banquillo de los acusados. ¿Ha robado? ¿Ha matado? ¿A quién? ¿Cómo...? No nos importa. La ciencia moderna, piadosa, busca en el informe de los peritos un medio de averiguar la irresponsabilidad del criminal. En pugna con los intereses creados de la justicia, el hombre joven de rostro macilento ha salido absuelto. ¿Para ir a un manicomio...? Debiera ser. Manicomio oficial. Triste parodia. Si encuentra plaza, será poco tiempo y en condiciones insuficientes. ¿Manicomio de pago? ¿De dónde? Ciertamente que esas damas tan caritativas no están para tender la mano piadosa para socorrer a uno de estos desvalidos. Encargáranse cada una de uno de ellos y el problema humano se habría aclarado. ¡Pobre loco que irás a morir en el patíbulo o entre las rejas de la prisión, que nunca debiste pisar, o muerto de frío y hambre en las negruras del invierno! Ni una mano se habrá tendido para ti; nadie te ha recordado. Ya hace años tus padres, ella acaso una obrera laboriosa, él un alcohólico, un sifilítico, otro criminal, un degenerado, no habrán tenido inconveniente en dejarte vivir en tus primeros balbuceos cuando tu constitución física y tu despertar moral les hicieron ver tu incapacidad para el futuro... ¡Pobre ser que pagas las culpas de tus padres inconscientes y las de la sociedad que con una falsa tolerancia no se atreven a poner remedio duro a que estos espectáculos sucedan y se repitan! Son ya muchas las víctimas de esta inconsciencia y de este temor. Que cada uno de nosotros en uno solo de nuestros amigos hagamos esta benéfica labor de propaganda. Nadie os pide, hombres egoístas, que os abstengáis del placer. Pero evitad al menos que ese placer tenga consecuencias vitales en la producción de un nuevo ser. Evitadle a éste una vida de amarguras y sufrimientos morales, y evitaos vosotros el remordimiento que habrá de pesar siempre, aunque intentéis alejaros de ello, sobre vuestra conciencia.

LOS SENDEROS DE LA VIDA SEXUAL

La sabiduría de Havelock Ellis, el gran propagandista de las cuestiones sexuales, encarna todas las direcciones de la nueva moral sexual en unas frases admirables: «Los jóvenes de ambos sexos están cometiendo muchos errores porque los hechos más profundos de la vida sexual sólo se pueden aprender por la experiencia, y la experiencia se adquiere lentamente. Pero acaso sea mejor incurrir en errores por mirar a la vida cara a cara que cometerlos por huir de ella. Porque estos desaciertos pueden enriquecer e ilustrar mientras que estos otros resultan inútiles. Los senderos de la vida sexual están erizados de dificultades. Pero así ocurre con todo en esta vida. Si hemos de vivir, en el verdadero sentido de la palabra, estaremos obligados a vivir peligrosamente».

Las frases de Havelock Ellis son aquellas que mejor sintetizan el estado actual con todas sus degeneraciones, con todas sus dudas. De él habrá de salir triunfante, como una mariposa de su asqueroso capullo de crisálida, la nueva moral sexual. Los problemas sexuales, por lo mismo que son dificultosos, no han sido abordados hasta bien recientemente con absoluta libertad y franqueza. Todo ello ha sido debido solamente a que antes la humanidad se ha creído muy descansada sin tener que preocuparse sobre el modo de tratarlos, ya que ello representaba una preocupación más. A ella le corresponde la culpa de tantas y tantas tragedias como por malas orientaciones han echado su peso sobre la vida de tantos seres que han sido víctimas de esa humanidad injusta. A ella irá también ante el tribunal supremo e inapelable de la naturaleza la responsabilidad de las actuales desviaciones propias de un momento en que, cegados por la esplendorosa luz de la revelación sexual, los hombres no han aprendido todavía a encontrar el camino recto por entre los obstáculos que lo erizan, y dando tumbos entre ellos sólo pueden probar con su ignorancia la culpa de la tradición que sobre ellos pesa, dejando trozos de su propia existencia lacerada entre esas rocas que se oponen a su avance en un supremo sacrificio, por hallar la ruta de la verdad.

Nosotros hagamos todo lo posible por escarmentar en cabeza ajena, y ya que llegamos tan retrasados al movimiento universal, hagámoslo siquiera, aprovechándonos de la experiencia que ello nos proporciona y poniéndonos de ese modo a la cabeza de esa masa de opinión formidable, que va alistando hombres y mujeres, en un ejército que bien pudiera llamarse de SALVACIÓN UNIVERSAL.

LA REVOLUCIÓN SEXUAL

Publicado originalmente en
Cuadernos de Cultura, 41 (Valencia, 1931)

INTRODUCCIÓN

Es la reforma del amor y de la familia la que debe preceder a las otras y la que las hará posibles.
Michelet

En España se están llevando a cabo interesantísimas revoluciones. Se operan cambios rápidos o lentos en los viejos criterios que dieron lugar a no menos caducas instituciones. Pero Marx decía, y con justicia, que «no hay revolución más intensa que aquella que se apoya en la transformación de las conciencias». Y hay un punto sobre el que es necesario transformar el criterio de los hombres y las mujeres de España para ponerlos al nivel de los países civilizados.

A España, tan alejada entre las profundidades de los mares, casi un islote perdido en el piélago de la civilización, apenas han llegado los ecos de la revolución agraria, política, social, religiosa, y mientras hay espíritus sutiles, abnegados pero idiotas, que siguen propugnando por los viejos principios del clásico liberalismo de Giner de los Ríos —libertad para todas las ideas, tolerancia y respeto, incluso para los detractores, para los calumniadores— ya son algunos, bastantes, los que creemos en la necesidad de una concepción más revolucionaria, aunque sea un poco más dictatorial, que lance por la borda el lastre de las intransigencias y deje libres a los espíritus para poder elevarse o hundirse si tal es su gusto con plena independencia de acción y de movimientos.

La revolución sexual se está operando en todo el mundo como un proceso lento. Se consagra en las leyes. Pero, ante todo, se extiende y se difunde por la propaganda y la educación. España tiene ante sí un panorama revolucionario de horizontes ilimitados. Estamos iniciando su proceso. La revolución no ha llegado aún a su período álgido de realizaciones. Pero el momento no debe ser desaprovechado para empezar a sembrar. Y esto es lo que pretendemos hacer en este libro. No gala de bellos pensamientos y de reflexiones serias sobre puntos tan trascendentales como éstos, sino soluciones concretas, claras, terminantes, tomando ejemplo de otros pueblos y mejorándolos para recoger en la práctica de una legislación nueva, de unas instituciones nuevas, radicales y amplias, todas cuantas hasta aquí hemos propugnado como aspiraciones legítimas que consagrar en este mañana revolucionario que antaño estimábamos tan lejano y que hoy vemos ya la posibilidad de acercar conquistando a hombres y mujeres para las nuevas concepciones con la razón y el sentimiento puestos al servicio de nuestra causa, que habrá de ser en breve la causa de la humanidad.

LA REVOLUCIÓN SEXUAL

SOLUCIÓN AL PROBLEMA DEL MATRIMONIO

El Estado debe declarar exprofeso que garantiza plenamente la libertad de amar. Nosotros, como Ellen Key, queremos hacer hincapié en la distinción entre libertad del amor y amor libre, pues mientras el primero es una organización totalmente legítima y bajo bases de moralidad, el segundo es la tapadera oficial para toda clase de licencias eróticas.

El Estado debe comprender que, al igual que no regula las amistades estableciendo un contrato entre las personas que sienten un mutuo afecto y compenetración espiritual, cuando un varón y una mujer deciden vivir juntos y llamarse matrimonio, ¿para qué necesitar obligatoriamente de otras ceremonias externas?

«¿Qué le importa al Estado —dice Jiménez de Asúa— lo que hagan dos súbditos conscientes en la esfera íntima de sus sentimientos?».

He ahí un inquietante problema, que la Constitución y los Códigos pueden obviar declarando, como luego veremos en la ley familiar rusa, que: no existirá diferencia alguna entre los matrimonios registrados o reconocidos y los no registrados, para los efectos de la paternidad y del mutuo respeto de los cónyuges, garantizando, desde luego —creemos inútil advertirlo— que la única fórmula de matrimonio será la civil, y haciendo que en la Constitución se establezca un principio como el siguiente:

> La constitución de la familia puede tener lugar por medio de vínculos jurídicos como por razón de lazos naturales. La ley regulará los medios de prueba de la existencia de este organismo social.
>
> El matrimonio civil y las uniones no oficiales, con trascendencia familiar reconocida, podrán disolverse plenamente en los casos y con las formalidades y consecuencias que la ley determine.

MATRIMONIO DE PRUEBA

En la ley española podría admitirse la implantación del denominado un «matrimonio de prueba» (*trial marriage*), o matrimonio de camaradería (*companion marriage*), propuestos por el célebre juez del Tribunal de Menores de Denver Ben Lindsey. Matrimonio por el cual se entiende un arreglo formal entre hombre y mujer para vivir juntos hasta que cambien de modo de pensar, generalmente con la intención de no cambiar. Tales matrimonios son usualmente conocidos, reconocidos y testimoniados en ese sentido por los amigos de la pareja. Muchos concluyen en matrimonios legales, cuando sobreviene el embarazo, en el caso de que, de común acuerdo, lo intenten, realizando de este modo un deseable noviciado.

Nosotros creemos que deben darse a los hombres todas la máximas posibilidades de buscar su felicidad, y que ésta es una de procurarse dentro de la ley y la moral, con el respeto de las gentes, lo que de otro modo no podría realizarse sin el escándalo público. Muchas personas de la clase proletaria lo hacen ya, pues es muy corriente el caso de las parejas que se casan después de cohabitar algún tiempo, años inclusive, generalmente, cuando cuentan con uno o dos pequeñuelos.

El matrimonio de noviciado es un medio más de transición para la etapa del porvenir que la ley debe admitir y la Constitución consagrar en un artículo amplio, donde quepan todas las formas de unión con medios de lograr directa o indirectamente la felicidad, que es, en definitiva, el fin que persigue el hombre como miembro integrante de la sociedad.

EL ADULTERIO. SOLUCIONES

Es urgente que el Código Penal determine que el adulterio no es delito penable, y que en el caso de crímenes pasionales, se procurarán los medios para recoger a los delincuentes, aislarlos, someterlos a un plan de curación y procurarles la educación sexual y moral que necesitan para eludir en lo por venir los crímenes en que hasta entonces, por ignorancia o por degeneración espiritual, habían incurrido.

El adulterio no es hoy ya delito en el hombre, puesto que sólo se admite cuando produce escándalo público, lo cual en hombres es siempre imposible, pero lo es en la mujer. Y, al acabar con esta injusticia, queremos hacer constar que en el momento en que exista la posibilidad del divorcio, el adulterio desaparecerá tan por completo que, dentro de diez años, hablar de él será sólo propiedad de viejos setentones que recuerden hechos de otros tiempos que pasaron para no volver más. La humanidad marcha avanzando. Y hay que hacer que los códigos pierdan su carácter restrictivo y absolutista para ser más amplios, generosos y liberales en las medidas que adopten. La libertad de acción sexual debe ser una de los garantías de una moderna Declaración de los Derechos del Hombre.

SOLUCIÓN AL PROBLEMA DEL DIVORCIO

Afortunadamente, los diputados constituyentes de la República española no se opondrán a que la ley del divorcio se apruebe en España. Únicamente es preciso vigilar con el fin de que no se restrinjan los casos en que puede ser solicitado, porque ello equivaldría a dejar abierta una puerta donde sólo debiera haber amplio concepto para remediar la crisis de la familia, cada día más agudizada por el criterio insostenible de la unión permanente.

El divorcio se concederá, desde luego, a petición de las dos partes y con conformidad sin investigación ulterior.

Se concederá cuando lo solicite el marido o la mujer, indistintamente, si las pruebas que la otra parte ofrece no son lo suficientemente convincentes para obligar a continuar el vínculo con carácter obligatorio.

El divorcio habrá de tener una tramitación rapidísima, abriéndose información testifical ante el juez y el jurado para que ambos juzguen en caso de disparidad de criterio entre los dos cónyuges en el más breve plazo posible, procurando el juez, a la mayor brevedad, celebrar actos de avenencia y conciliación para que la parte contraria se avenga a la formalización del divorcio y se eviten por todos conceptos trámites enojosos.

UN PROYECTO DE LEGISLACIÓN FAMILIAR

Es necesario presentar en España un proyecto de legislación familiar como el ofrecido en Rusia. Allí no pudo aprobarse porque se opusieron las delegadas en el Parlamento rojo, pretendiendo probar los casos en que se habían irrogado perjuicios a las mujeres por la legislación familiar soviética, suscitándose, con tal motivo, un amplio debate, que terminó retirándolo hasta someterlo a la discusión de los soviets locales, organizaciones femeninas y de la prensa, merced a la intervención de Kalinin, porque aún la mujer, en los primeros años, no estaba preparada para la gran obra de transformación que se pretendía realizar, y de cuyas ventajas se va hoy convenciendo, por fortuna, por la intensísima propaganda que, con este motivo, hacen los comisarios del pueblo y sus núcleos adictos difundiendo tan necesarias doctrinas. El proyecto de legislación familiar, presentado el 16 de octubre de 1925, en España no hallaría tantas reticencias y oposición, y sería un gran paso revolucionario, a que es necesario que las leyes se adelanten a los acontecimientos antes de venir forzadas por éstos, cuando apenas reconocidos, surgen otros nuevos que obligarán a cambiar lo que se había tomado por inmutable. En este proyecto se manifestaba que:

Quedaba abolida la antigua distinción entre matrimonios registrados y no registrados. Se reconocía que el matrimonio existía desde el momento en que dos personas conscientes de distinto sexo se decidían a vivir en común con carácter permanente. Que no se distinguiría entre hijos naturales y legítimos, pero se aumentaban, en cambio, las obligaciones de los padres hacia los hijos, acentuando la responsabilidad del jefe de familia. Se autorizaba la adopción de niños siempre que hubiera cumplido diez años y que se realizaran con consentimiento de los mismos. Se adoptaban una serie de medidas para proteger a los hijos contra posibles abusos de la autoridad paterna en el orden espiritual y se establecía que no debía darse a los niños ninguna enseñanza religiosa, no ya en la escuela, sino ni dentro del hogar hasta que hubieran alcanzado una edad en la que ellos pudieran optar libremente por la religión que más les atrajera.

Principios desde luego revolucionarios, pero de una actualidad que escasamente admite espera entre nosotros, deberían llevarse inmediatamente a la práctica. Sería uno de los medios de hacer ver que la revolución se operaba transformando todo cuanto había servido de cimientos a la vieja sociedad, pero poniendo siempre en su sustitución sillares que pudiesen ser los principios de la nueva.

SOLUCIÓN AL PROBLEMA DE LA HOMOSEXUALIDAD

La sociedad no puede permanecer indiferente ante la plaga del homosexualismo. Con ello han creado lo que muchos juristas han calificado ya como «estado peligroso homosexual».

No deben existir penas. El Código Penal español debe eliminar la multa de mil a diez mil pesetas, ni la inhabilitación, en especial para cargos públicos, de seis a doce años, porque, como dice acertadamente Saldaña, «se diezmaría alguna oficina». No es urgente nada más que la implantación de «medidas de seguridad». Forel desearía trasladarlos a todos a una isla desierta. Pero lo necesario es un tratamiento psiquiátrico en sanatorios adecuados.

La República debe evitar que en los Códigos se hable de la homosexualidad como un delito, cuando es un simple caso clínico, que no interesa más que a los médicos y a los que lo sufren. En el capítulo de «medida de seguridad» debe adoptarse una serie encadenada, frente a quienes ponen en peligro con su contagio material y moral, la situación de la sociedad. Adoptemos un criterio de generoso desprendimiento frente a esta desviación del instinto sexual. Seamos liberales y tengamos amplitud de criterio. El porvenir de este tipo de criminalidad sexual está en su eliminación del Código. Es una medida de justicia que debemos a tantos millares de desgraciados como hoy, víctimas de su desviado instinto, ven aún caer sobre ellos como una losa el peso de una ley injusta y cruel.

LA ESTERILIZACIÓN COMO SOLUCIÓN

Será necesario llegar a la esterilización en casos extremos. Debe haber una ley que faculte a los médicos, mediante informe debidamente fundamentado —pues hemos de tener en cuenta que se trata de privar de la potestad generadora—, a llevar a efecto la esterilización o castración de los enfermos que, por su contumacia material y moral puedan ofrecer, no verdadero peligro para la sociedad, ya porque persistan por su temperamento anormal en cohabitar dando fruto a la sociedad, ya porque por ser idiotas o por enajenación carezcan de la noción de la responsabilidad de sus actos. En uno u otro caso, la esterilización será obligatoria, pudiendo practicarse la voluntaria solicitud de parte, cuando el tratado reconozca que, por cualquier causa, no se creen con fuerzas materiales o morales suficientes para no perjudicar a la sociedad procreando unos hijos que habrán de servir de lastre a la humanidad.

La facultad antaño estimada como inviolable en el hombre de reproducirse es hoy limitada por razones eugénicas; ello revela que la sociedad se preocupa de la existencia de sus ciudadanos en beneficio propio, por lo que las prácticas sexualizadoras se entienden cada día en mayor escala con alienados, imbéciles, criminales y otros anormales, especialmente en los Estados Unidos, Cuba y Suiza[2].

EL CERTIFICADO PREMATRIMONIAL

Son dos tendencias las que imperan respecto a la implantación de este certificado prematrimonial: una la que patrocina la Liga para la Defensa de los Derechos del Hombre, las comisiones, sociedades y ministerios de Higiene y Sanidad, las ligas de reforma sexual, etcétera, que culmina en el proyecto del profesor Pinard ante la Cámara francesa; otra, la que afirma que es más urgente educar al gran público, a fin de que las familias francesas, sin necesidad del poder coactivo de una ley, se habitúen a tomar informes médicos y morales sobre los novios.

Nosotros estimamos que las dos tendencias son compatibles, que es necesario educar, pero que también es necesario legislar, y que sería

[2] Véase *El problema eugénico*, de la misma autora.

factible coordinar la labor de los centros a que hemos hecho referencia, buscando en lo posible la unión de los informes sobre la transmisibilidad de las enfermedades mediante el análisis de la sangre y de los caracteres etiológicos o de la herencia, y haciendo que del citado Ministerio de Sanidad y en los institutos o clínicas indicadas existieren un cuerpo de médicos que emitiese informe gratuitamente en el caso de ser solicitado, a no ser que prefiriese el informe particular, en cuyo caso sería por cuenta del novio que lo hubiere solicitado, quedando obligados a la presentación del informe para ser visado por el citado cuerpo de sanidad, que podría someter a nuevo examen, particularmente al hombre, para cerciorarse de la veracidad de la afirmación, caso de concebirse sospechas. En uno y otro caso, creemos que, como en Escandinavia, debería declararse impedimento para contraer matrimonio la sífilis, blenorragia y demás enfermedades venéreas, la epilepsia, la locura, la tuberculosis, la lepra y la imbecilidad y debilidad mental. Y que debía declararse, como en Ohio, para garantía de los especialistas, actualmente indefensos, y buscando el parapeto del secreto profesional para eludir todo compromiso, que «el médico que informe al futuro contrayente de que el otro prometido sufre una de estas enfermedades, no se hace culpable de quebrantamiento del secreto profesional, ni es responsable por daños y perjuicios en caso de que no se celebre el casamiento».

UN NUEVO DELITO: EL DE CONTAGIO VENÉREO

Es urgente crear en España el delito de contagio venéreo. El nuevo Código Penal debe recoger con algunas variantes los artículos de la desdichada creación de don Galo Ponte, en este aspecto bastante afortunada. Es de desear que se consagre esta medida en artículos como los siguientes:

Quien sabiendo que se encuentra atacado por una enfermedad sexual en su período contagioso infectare a otro por vía intersexual o de otra manera, será castigado con la pena de dos meses y un día a un año de prisión. Si el hecho se realizara entre cónyuges, solamente podrá ser perseguido a instancia de parte.

Será castigado con la pena de dos meses y un día a un año de prisión y multa de dos mil a diez mil pesetas el que conociendo la enfermedad sifilítica o contagioso que padece un niño lactante lo entregue a criar o toma una nodriza con dicho fin y ocasiona el contagio de ésta.

La nodriza que conociendo la enfermedad contagiosa que padece la transmitiese por vía nutricia a un niño lactante, será castigada con la pena de seis meses a tres años de prisión y multa de mil a tres mil pesetas, salvo que por efecto del contagio no incurriera en pena más grande.

El que conociendo que se encuentra atacado de una enfermedad sexual contagiosa lo transmitiese por vía intersexual a una menor de dieciocho años, será castigado con la pena de cuatro meses a dos años de prisión y multa de mil a tres mil pesetas, si por los efectos del contagio no incurriera en pena más grave.

LA ORGANIZACIÓN DE LA LUCHA ANTIVENÉREA

Es urgente organizar una verdadera campaña de lucha antivenérea. Aparte de la declaración de delito de contagio venéreo, aparte de la lucha contra la prostitución, es urgente emprender este movimiento en España con caracteres decisivos. En Europa la lucha antivenérea arranca con más interés desde el siglo xv. Rusia ha abordado el problema a rajatabla. El Brasil la ha seguido estableciendo dispensarios y hospitales de aislamiento y curación entre el apoyo del Estado y el de los particulares. Pero ello no basta. España tiene mucho por hacer en este sentido. Evitar ante todo que se encomiende la labor a patronatos y comisiones y realizar propaganda activa y eficaz. Inglaterra, país de tipo abolicionista, tiene leyes que se ocupan de evitar la prostitución, y de acuerdo con las conclusiones adoptadas desde el año 1916 por el Local Government Board, el Ministerio de Sanidad ha organizado el National Council for Combating Venereal Disease (Congreso permanente para combatir las enfermedades venéreas), que ha atendido a estos extremos, estableciendo diferentes ramas por el Reino Unido, con propaganda por carteles, conferencias, películas, anuncios en la prensa, fábricas, talleres, urinarios públicos y puntos de recreo. Es necesario establecer como allí, con el apoyo total del Estado, CENTROS DE TRATAMIENTO Y DIAGNÓSTICO GRATUITOS, existiendo en Gales y en Londres, donde hay 191 centros de tratamiento, los cuales están divididos en la siguiente forma: 151 en hospitales generales, 14 en dispensarios antituberculosos, 26 especiales para estudiar el problema y desenvolverse en su terreno exclusivamente. Estos centros atienden al tratamiento de las enfermedades venéreas, mediante acuerdos con la autoridad local correspondiente y la sanitaria.

Existen asimismo, y ello podría crearse en España, HOSPITALES DEDICADOS SÓLO A ENFERMEDADES VENÉREAS Y DE LA PIEL, divididos en diferentes distritos, con clínicas abiertas todo el día, en Saint-Thomas, Saint-Paul, Guy y el Royal Free, de ocho de la mañana a diez de la noche, auxiliadas por el Ayuntamiento de Londres, que ha autorizado a los laboratorios de los grandes hospitales para hacer reacciones Wassermann y exámenes de treponemas y gonococos.

La lucha antivenérea es, pues, bastante completa en Inglaterra, aunque tiene los defectos de escasez de medios. El Estado español, que puede y debe hacer economías en gastos innecesarios de su presupuesto, podría, creando el Ministerio de Sanidad y evitando convertirlo en una oficina burocrática, atender, siguiendo este tipo de organización inglesa, paulatino, pero seguro, a los atacados de esta enfermedad, y evitar la vergüenza de que sean sólo escasísimos dispensarios en la capital, sin que desde luego haya ninguno en el campo ni en provincias los que presten el apoyo a los ciudadanos para combatir un mal de esta naturaleza, extendido de modo tan alarmante.

LA SOLUCIÓN AL PROBLEMA DE LA PROSTITUCIÓN

Para acabar con la prostitución, a la República le urge declarar que renuncia a la reglamentación de la prostitución y que prohíbe su existencia. Que establecerá en el Código Penal la definición y castigo del nuevo delito de contagio venéreo, la penalidad del proxenetismo, y la consideración de faltas sancionadas con penas de carácter leve para las solicitudes en plena calle y los escándalos.

No en balde Pasche-Oserki, en el Segundo Congreso de Reforma Sexual, decía que la lucha sexual «debe dirigirse contra la prostitución», pero no contra la prostituta. Estableciendo el tratamiento preventivo y curativo obligatorio de las enfermedades venéreas, llegando a una educación sexual amplia y comprensiva, la prostitución desaparecerá y la humanidad se verá poco a poco libre de la plaga. No hay derecho a que el hombre tenga a su alcance unas cuantas mujeres de las cuales puede disponer a su antojo y que el Estado viva de esta venta vergonzosa. Crear un centro de reeducación de prostitutas, como el que funciona en Moscú, donde se recogiera a las muchachas habidas no obstante la prohibición, y donde se las reeducase para la vida pública y se las enseñase un oficio y se las pusiese luego en una buena colocación que las permitiese desenvolverse. No olvidemos que la ignorancia y la miseria son las dos casi únicas fuerzas que dan contingente a la prostitución. En Rusia, según las estadísticas del director de esta institución, sólo el uno o dos por ciento de las recogidas vuelven a su antigua profesión. Y es que son seres anormales, a los que el Estado se encarga de vigilar y recoger. España tiene que abordar de frente este problema sin tener en cuenta los enormes intereses creados ya en torno a este vergonzoso oficio de la venta corporal.

SOLUCIÓN AL PROBLEMA DEL ABORTO

Francia y China, los dos países en la actualidad más atrasados, han visto ya disminuidos en sus Códigos la penalidad impuesta al delito. En Francia, el Código de 12 de febrero de 1810 castigaba el aborto con pena de reclusión no inferior a cinco años y de diez años o más, y por el artículo 317 se ha modificado en 1923 (27 de marzo) por una ley donde la penalidad de la mujer desciende a una detención de seis meses a dos años.

China, país retrasado por demás, como es lógico en quien tan tarde ha entrado en el reino de la civilización, por su Código Penal de 10 de marzo de 1928, dice así en su artículo 304: «La mujer que tomando drogas o por otros medios cause el abono de su feto, puede ser castigada con prisión, por un tiempo que no exceda de un año o con multa no superior a trescientos yuans. Con las mismas penas podrá ser castigada la mujer que se haga abortar por otros».

Cuba, tipo de país progresivo, en su proyecto del Código Penal, obra de Vieite, deja impune el autoaborto, prohibiendo sólo la ejecución o ayuda por otro en el artículo 134.

De Suiza hubo de salir, en 1916, la base de la doctrina del aborto no punible en determinadas condiciones, condiciones éstas que habrían de ampliarse y hacerse más comprensivas siguiendo la natural evolución. En su Código se dice que «el aborto practicado con el consentimiento de la persona encinta por un médico diplomado no es punible si se ejecuta para evitar un peligro para la vida o la salud de la madre, y si ese peligro puede ser evitado por otros medios; si el embarazo proviene de una violación o ha sido cometido en una mujer idiota, enajenada, inconsciente e incapaz de resistencia o por un incesto». El Código Penal argentino de 1921 copia de sus artículos sin ninguna nota de originalidad esta tesis, y así todos los Códigos, inspirados en las dos tendencias contrapuestas. Conocido de todos es el anteproyecto de Código chescoeslovaco, presentado por Masaryk en 1926, que puede muy bien juzgarse hoy como uno de los más avanzados dentro de su aparente concisión. Esto por lo que se refiere a la legislación. Veamos cómo la doctrina de la «no punibilidad» ha ganado sus adeptos entre médicos, juristas y pensadores eminentes, que unos voluntariamente, otros ante la fuerza de los hechos, ha tenido que adaptarse a la realidad.

CAMPAÑA CONTRA PUNIBILIDAD

Esta campaña la inició el médico francés doctor Klotz Forest, fundando sus argumentos en el derecho incontestable de la mujer a disponer libremente de su persona, a rehusar las maternidades que el azar le impone. Sobre el feto, dice en su obra *De l'avortement. Est un crime?*, tiene todo género de derechos, los mismos que tiene contra sí misma, el derecho de vivir como el de suicidarse.

En Alemania, Jungmann lo había defendido, sosteniendo que la ley, al penar el aborto, vio la libertad humana, afirmando así como Schneikert —con el cual coincide en cuanto a los casos de preñez extramatrimonial— que la muerte del feto sólo atañe a la moral sexual, en cuya esfera no puede entrar el legislador por su ignorancia e incompetencia.

El movimiento organizado y consciente pro impunidad se inició en Alemania. En 1910 se presentó a la Asamblea Nacional una petición solicitando la autorización del aborto para las mujeres casadas que tuvieran ya tres hijos. La ley no fue aprobada. Y al año siguiente, el diputado socialista independiente Aderhold presentó una petición suscrita por ochenta y un diputados en la que se pedía la abolición de los artículos del Código Penal relativos al aborto. Y casi inmediatamente, el 31 de julio del mismo año, los diputados señora Schuch y el profesor Ralbruch, ambos socialistas mayoritarios, presentaron una proposición pidiendo su impunidad cuando fuera ejecutado por la preñada o por un médico con título reconocido por el Estado, dentro de los tres primeros meses del embarazo. A estas peticiones, que contribuyeron a crear opinión, se unió en 22 de enero de 1922 otra de Bartz, comunista, solicitando, de acuerdo con la enseñanza rusa, para toda mujer encinta, el derecho de hacerse abortar gratuitamente por médicos diplomados en establecimientos públicos creados para este fin por el mismo Estado.

Alemania continúa con su tesón eslavo esta campaña. Médicos, juristas, pensadores, políticos, mujeres, laboran en esta campaña. Existe una asociación para la reforma del derecho penal sexual, que propugna la absoluta libertad del aborto realizado por médico diplomado.

El poner el aborto bajo la protección de la ley contribuye a su mejora técnica y a su aumento, debido a la confianza que la mujer adquiere y la necesidad por la que se ve obligada, aunque ahora con garantías de éxito. La prueba es que en Rusia, donde ha triunfado plenamente la no punibilidad del aborto, en cifras y datos del comisario del pueblo para Sanidad, publicados por el doctor Krassilnikian, el número de abortos legales practicados durante el año 1923 subió a 52.386; en 1925, su número había ascendido a 156.324.

En cuanto a las causas que inclinan a las mujeres a hacerse abortar, podemos limitarnos aquí a incluir las extraídas de unas estadísticas elaboradas con toda atención tanto en Alemania como en Rusia.

Una estadística alemana publicada por Benthin, relativa a 503 casos de aborto, cuyos motivos fueron conocidos:

El 34 por 100 fueron determinados por la mala situación económica.

El 38 por 100, por el exceso de hijos.

El 25 por 100, por motivos de comodidad.

El 13,7 por 100, por miedo al deshonor y miedo a perder la colocación.

El 4,9 por 100, por enfermedad.

La estadística rusa, aún más explícita, pues se trata del examen de 1.657 casos, expresa las causas de este modo:

Mala situación económica 140
Miseria, falta de lo más necesario para existir ... 1.007
Pobreza 378
A consecuencia de la pobreza de la tierra 4
Hambre del año 1922, por mala cosecha 14
No quieren tener hijos 225
No quieren atormentarse con los hijos 54

LO QUE SUCEDE EN ESPAÑA Y SU SOLUCIÓN

Es interesante conocer en España el parangón con estas otras naciones en cuanto a la marcha de esta delincuencia en los últimos años. 1.888 cumplieron condena por aborto —prescindimos de los puntos, cárceles correccionales, prisiones preventivas y establecimientos penales de toda índole— 2 hombres y 2 mujeres. En 1923, 13 hombres y 16 mujeres. En 1924, 36 hombres y 70 mujeres. En 1925, 18 hombres y 93 mujeres. En 1926, 50 hombres y 74 mujeres. En 1927, 16 hombres y 71 mujeres. De cuyos datos resulta el promedio siguiente: quinquenio 1901-1905, 58 condenados. Quinquenio 1914-1918, 213 condenados. Quinquenio 1923-1927, 457 condenados.

Tan sólo en un año, en 1929, según la Memoria del Fiscal del Tribunal Supremo, el número de causas incoadas por aborto ascendieron a 245.

Y esto por lo que se refiere a abortos penados, ya que no se habla de los que quedan impunes por burlar la ley, como sucede en la inmensa mayoría de los casos. Y es que no en balde reconoce José María de Otaola que «no es desconocida de los especialistas la aterradora frecuencia con que el aborto criminal se prodiga, y revisando nuestras notas clínicas podríamos comprobar la opinión de Christiani, que de cada cuatro o cinco mujeres que acuden a la consulta del ginecólogo, una como mínimum lo hace como consecuencia de un aborto criminal».

La situación, pues, es tan grave aquí como en otros países. Lo que sucede es que aparece más encubierta por temor a la dureza del Código y a la incomprensión del pueblo. A nuestro modo de ver la única solución está en declarar por lo pronto, como medida inicial en el Código Penal, que:

No será punible:

El aborto necesario practicado con el fin de alejar a la mujer de un peligro de muerte o de graves daños en su salud, determinado por un facultativo responsable.

El aborto sentimental, cuando la concepción se debe a un acto contrario al pudor, cometido con violencia o un atentado a la honestidad, o a un abuso punible de una mujer de dieciocho años.

El aborto eugénico, cuando existe el temor de que el niño que haya de nacer tenga graves taras corporales o mentales.

Y el aborto económico, cuando la mujer, dada su situación, no se puede razonablemente exigir que lleve la gestación a término.

Se debe establecer, pues, que el aborto en estos casos no es delito, dejando su regulación y aun ampliación definitiva a las llamadas medidas administrativas de que pasamos a ocuparnos.

LAS MEDIDAS ADMINISTRATIVAS

Lo único que cabe en España con respecto al aborto es lo ya realizado en Rusia, un reglamento para regularlo y procurarlo técnicamente. En España podría declararse:

«Que el aborto sea practicado por un ginecólogo titular libremente elegido, aunque a costa de la interesada. Que no se practique sino mediante la aprobación de una comisión residente en los hospitales, clínicas de regulación de nacimientos, etc. En este caso la operación es gratuita».

Y seguir la orientación iniciada ya por aquella disposición que el 18 de noviembre de 1922 dio el Comisariado del Pueblo para Alimentación y Justicia, ordenando:

«1.º Se permite la interrupción artificial de la preñez realizada gratuitamente en los hospitales.

2.º Su ejecución se prohíbe a todo el mundo con excepción de las médicos.

3.º Las comadronas culpables de ejecutarlo perderán el derecho de practicar la profesión, siendo juzgadas por el Tribunal del pueblo.

4.º Lo mismo se hará si algún médico realizara privadamente la operación sin otro fin que el lucro».

Esta es la racionalización del aborto, que pretende regularlo procurándose la máxima eficacia técnica, y evitando el aborto clandestino a que hoy suelen recurrir muchas mujeres poniendo al amparo de la ley, y justificando su actuación siempre que se garantice la higiene y el cuidado necesario para la salud de la mujer que a él se someta.

¿CABE DECLARAR EL TIEMPO ADECUADO PARA REALIZARLO?

Queda en pie una última cuestión. La de si cabe declarar el tiempo mejor para realizarlo. En casi todas las legislaciones a que hemos hecho referencia se especifica que habrá de ser con anterioridad a los tres meses, para no incurrir en penalidad. Unas legislaciones copiaron a otras este precepto, basándose en la conocida opinión médica de que antes de los tres meses el feto no tenía vida positiva. Ahora bien, modernamente, iniciada por Bumm, se señala una nueva tendencia que este reputado doctor se encarga de consagrar, diciendo: «Una limitación del aborto a los tres primeros meses no es prácticamente ejecutable y seguramente dejará de ser observada si llegara a permitirse la interrupción de la preñez. Como el aborto se ejecuta más fácilmente a los cuatro o cinco meses por una simple punzada en la vejiga, los abortadores emplean este procedimiento con una marcada preferencia».

¿Están en los cierto unos u otros? No es ella materia de nuestra competencia. Estimulamos a científicos y ginecólogos que estudien dónde están las mejores probabilidades de éxito. Unas y otras deberán ser consignadas en las leyes que estarán atentas a todo perfeccionamiento ulterior. De aquí el que propugnemos por que en el Código Penal se haga una declaración expresa de principios, y por dejar a reglamentos administrativos siempre modificables su regulación definitiva. Pero siempre teniendo en cuenta que la ley penal no puede en modo alguno admitir por una u otra causa la penalidad del aborto, ya que según expone la famosa asociación alemana para reforma del derecho penal sexual, en el momento en que en la ley se consagra «una ley penal que en la práctica castiga a una persona y deja a noventa y nueve impunes erige en juez a la casualidad, convierte la libertad del ciudadano en un juego de lotería, y debe ser considerada como una ley altamente inmoral y destructora del sentido jurídico».

LA CONTRACONCEPCIÓN

Los justificantes de la contraconcepción no pueden resumirse. Bástenos indicar que es urgente y necesario que en España se haga propaganda en este aspecto para captar libremente las conciencias de gran número de madres que, preocupadas por el aumento excesivo de su familia, no conocen los medios de remediarlo y prosiguen trayendo al mundo seres que no vienen más que a vegetar entre nosotros, complicándose y complicándonos la existencia, y para probar a quienes frente a tan saludables doctrinas presenten objeciones de índole ética, moral o religiosa, que la contraconcepción es una teoría de moral y de pureza difícilmente superable, porque no va más que a la consagración del libre albedrío que ellos exponen que la divinidad dio al hombre para distinguirlo de los animales, seres inferiores. Ahora bien, sin duda no se han dado cuenta, como atinadamente expone E. Ray Lankester en su obra *The kingdom of man* (*El reinado del hombre*) que éste es un rebelde contra la naturaleza, porque cuando ésta le dice: «¡Muere!», el hombre responde: «¡Viviré!». Y el hombre tiene que arrastrar en la actualidad las consecuencias del excesivo número de individuos de su especie. La naturaleza nunca ha dicho «Creced y multiplicaos» a los seres inferiores, excepto en tiempo determinado, pero el rebelde hijo de la naturaleza es el único animal que incesantemente procrea. Sólo será capaz el hombre de vencer esta dificultad por él mismo suscitada al apartarse de la naturaleza, a la cual no puede volver, investigando las leyes de la procreación y la herencia, restringiendo la multiplicación de la especie humana, basándose en seguro e indiscutible conocimiento.

En la actualidad se afirma que ello contribuiría a eludir el poder de selección en los hombres, pero hemos de tener en cuenta que lo que se produciría sería todo lo contrario. Hemos de procurar el «óptimo» y no el «máximo» número de población. Es una insensatez, como opinaba W. Bateson, individuo de la Real Sociedad y profesor de Biología y de Genética: «Pretender extender sobre la tierra una capa de protoplasma humano de la mayor densidad posible, porque nosotros no necesitamos mayor número de aptos, sino, por el contrario, menor número de ineptos. Los hechos han comprobado que si una alta proporción de nacimientos va acompañada de una alta proporción de mortalidad, la baja proporción de nacimientos es seguida de escasísima proporción de defunciones. La naturaleza no destruye más que lo que le resulta innecesario. Cortar la obra de la naturaleza y complicarla, como hace el hombre, es una labor inútil y aun perjudicial. No en balde sir James Barr, en su discurso presidencial en la XVIII Asamblea Anual Británica, con el título de *¿Qué somos? ¿Qué hacemos? ¿De dónde venimos? ¿A dónde vamos?*, afirmaba que nuestros esfuerzos han suspendido en parte la seleccionadora mortalidad de que la naturaleza se vale para eliminar a los ineptos. No hemos hecho nada en serio para establecer una selecta proporcionalidad de nacimientos, para impedir que en la sociedad lleguen a predominar los peores ciudadanos. Hemos de favorecer el crecimiento de una raza sana, vigorosa, inteligente, emprendedora; confiando en sí misma, hemos de izar la bandera de la salud con todo el fervor de una nueva religión. Para lograrlo hemos de empezar por los que todavía han de nacer. La raza ha de renovarse por medio de los física y mentalmente aptos, de suerte que no se les consienta procrear a los moral y físicamente degenerados».

Nosotros estimamos en España cada vez más urgente emprender una campaña en este aspecto, con todos los adelantos y el apoyo de la técnica, con todas las experiencias de lo que en otros países se ha realizado. Por ello, por la urgencia de buen número de las cuestiones infantiles, y de la salud material y espiritual de los futuros ciudadanos, creemos necesario que se cree en España un

MINISTERIO DE SANIDAD que se ocupe, como lo hace el inglés, que es quien lo tiene a su cargo, de los dispensarios y clínicas prenatales, y de la propaganda de los métodos científicos e higiénicos para limitar la natalidad. La contraconcepción no necesita hoy ya defensores técnicos, sino hechos que lo consagren y lo lleven a la práctica. Coincidimos en todo y hacemos nuestras las frases de Meredith Young, inspectora de Sanidad del Condado Palatino de Chester en este año: «Me parece que ya hemos pasado la etapa de argüir en pro o en contra de la regulación de los nacimientos y hemos llegado al punto en que la legítima regulación es aceptada como beneficiosa para la sociedad. Todo cuanto falta es saber cuáles son los mejores métodos de regulación e instruir a las gentes sobre su uso».

PUBLICIDAD DE LOS CONTRACONCEPTIVOS

Durante la funesta dictadura, los defensores de estas propagandas habíamos de vernos constantemente en gravísimos aprietos, y precisábamos de recurrir a sofismas y dobles interpretaciones para eludir un artículo del Código Penal, creación de don Galo Ponte, que en su artículo 617 penaba con la multa de mil a diez mil pesetas e inhabilitación, para cargos públicos, de cuatro a ocho años, a los que fuera de publicaciones meramente científicas o actos de corporaciones técnicas propagaran teorías o prácticas anticoncepcionales.

En el Código de 1870, seguramente porque por aquel entonces no existían en España noticias de las campañas por aquellos momentos en sus comienzos, no existe declaración expresa que lo prohíba. Hace falta, no obstante, que, de acuerdo con lo pedido en el Segundo Congreso de Reforma Sexual, celebrado en Copenhague el año 1918, se «permita el público anuncio de los medios contra el embarazo, único sistema recomendable para regularizar los nacimientos». La República debe hacer esto como medida inicial. Debe adoptar después otra de tipo más revolucionario y radical, como las que aquí vamos a indicar. ¿Lo hará? Es necesario. España, que bajo la monarquía podía ser una excepción, no puede en estos momentos quedar retrasada para con el movimiento universal, que va decidido y enérgicamente hacia la reforma del criterio sexual.

EL NEOMALTHUSIANISMO. SU VERDADERO DEFENSOR

Hay mucha gente que aún en estos tiempos confunde entre malthusianismo y neomalthusianismo. Y es necesario diferenciarlo bien. Malthus, con psicología de clérigo, aunque radical y revolucionario para su tiempo, no pasó en sus propagandas de aconsejar como medio de evitar la procreación el de la castidad. Lo único de verdadero mérito que tiene su obra para los actuales instantes es su exacta apreciación de las cosas que le ha obligado a adoptar esta actitud, pero la doctrina malthusiana, que tantas veces ha inspirado horror a muchas gentes pudibundas, no es más que la misma doctrina cristiana, que en la actualidad preconizan los papas desde sus encíclicas, cuando ante el avance creciente de tan candentes cuestiones, necesitan tratarlas y ver de hallarles dentro de sus medios la necesaria solución. No es extraño, pues, que el gran Victor Robinson, en su obra *Pioneers of birth control in England and America* (*Los iniciadores de la limitación de los nacimientos en Inglaterra y América*) nos diga, hablando de Malthus, que «fue gran broma del destino hacer de él el padre involuntario de la regulación de nacimientos. Era este clérigo una tímida ave en la pajarera sociológica y le desesperaron las audaces águilas que habían empollado. Malthus no era malthusiano. Vio claramente los males de un excesivo y desenfrenado aumento de población, pero era clérigo y no médico. Para una grave enfermedad, proponía un imposible remedio».

Podemos afirmar sin temor alguno que Malthus no fue el defensor y partidario de las doctrinas que hoy se tienen por malthusianas, y que sólo merece un recuerdo por haber sido el primero que situó al mundo ante la nueva inquietud, desafiando críticas y censuras al exponer radicalmente su opinión adversa a un crecimiento ilimitado de la población. El primer defensor del neomalthusianismo, la doctrina que posterior a Malthus pretendió compaginar el placer del hombre con la regulación biológica y natural de los nacimientos, es un hombre hasta aquí bastante ignorado que, sin embargo, debe quedar bien grabado en la mente de los españoles conscientes; es Francis Place, tenaz adversario de Malthus que, frente a la obra de éste *Principles of population* (*Principios sobre la población*) publicó en Londres, en 1922, otra: *Illustratio and proofs of the principle of population* (*Pruebas e ilustraciones sobre el principio de la población*). Cien gruesos volúmenes, formados por notas y apuntes suyos, se conservan hoy en el Museo Británico. Place fue el primero que se atrevió a lanzar esta frase revolucionaria: «El único remedio posible son los preventivos», frase que más tarde habría de hacerse familiar, y que juzgaba en unos párrafos, de los que extractamos unas cuantas frases para mejor conocimiento del lector español que, extremadamente familiarizado con el nombre y las pretendidas doctrinas de Malthus, ha ignorado hasta aquí el nombre y el programa de quien fuese el legítimamente revolucionario y merece llevar sobre sí el peso horroroso en este caso de las censuras eclesiásticas. Francis Place se expresa así en su obra citada: «Si sobre todo se comprendiera claramente de una vez que no es deshonroso para los cónyuges valerse de los medios preventivos como lo sería impedir la concepción, aun sin perjuicio para la salud ni detrimento de la delicadeza femenina, se podría refrenar el incremento de la población más allá de los límites de subsistencia, aminorar prodigiosamente el vicio y la miseria de la sociedad y cumplir el propósito de Malthus, Godwin y otros filántropos, mediante el incremento de las comodidades, de la cultura y de la moralidad de las gentes. Estoy convencido de que aún espontáneamente adoptarán algún día las gentes el método que recomiendo. El progreso intelectual realizado en estos últimos años, el deseo de informaciones de toda clase que cunde por el mundo entero y, particularmente, en Inglaterra, no pueden menos de conducir al descubrimiento de las verdaderas causas de la pobreza y degradación del pueblo, una de las cuales verán que es la abundancia de brazos por el exceso de procreación y no dejarán de encontrar y aplicar el remedio».

Interesante opinión que Place habría de desenvolver y desarrollar en obras posteriores y que había de crear en su entorno una escuela de discípulos que, progresando indefinidamente, diera como resultado la actual corriente neomalthusiana de indudables progresos y de plenas garantías científicas.

LA PERIODICIDAD DE LOS NACIMIENTOS

Una de las finalidades inmediatas de la «contraconcepción» es regular y hacer periódicos los nacimientos. Estimo que es una de las finalidades inmediatas de la contraconcepción, que lo único que pretendemos es que para beneficio de la mujer y de los hijos estimamos una medida urgente y útil la periodicidad en los nacimientos. Este es un hecho del que están convencidos la casi totalidad de los médicos, que aun no coincidiendo en la limitación de los nacimientos, como simple finalidad de los contraconceptivos reciben la necesidad de la periodicidad. En las declaraciones del doctor J. Bailan y de la Comisión de Demografía de los Nacimientos, se encuentra la siguiente encuesta: «¿No es cierto que casi todos los médicos aconsejan hoy a los padres que no deben tener otros hijos hasta pasados, como mínimum, dos años y casi siempre tres? ¿No se da hoy este consejo mucho más frecuentemente que antes, y que se hace bien en darlo, ya que ha contribuido eficazmente a disminuir el número de nacimientos?». De los médicos que respondieron, 1.971 de 2.000 contestaron afirmativamente. Los hechos lo comprueban una y otra vez. Recientes investigaciones han demostrado con toda evidencia los efectos que en la conservación de la vida produce el «espaciar» en convenientes intervalos el nacimiento de los hijos.

El doctor Weinberg halló que las probabilidades de muerte en el primer año de la infancia se reducen casi a la mitad cuando se deja un intervalo de dos o tres años, en comparación con la mortalidad de los niños que nacen con sólo un año o menos de intervalo. Estos resultados se obtuvieron de mil cuarenta y cinco casos, todos ellos observados en matrimonios realmente pobres, de la misma clase social, según denota el diagrama trazado, por el cual la mortalidad infantil durante el primer año con sólo un año de intervalo entre los nacimientos asciende a un 35 por 100; con dos años de intervalo, a un 27 por 100; con más de dos años, a menos de un 17,5 por 100.

El aspecto social de esta periodicidad de los nacimientos lo ha estudiado la Oficina de Higiene Social de los Estados Unidos, que mediante cuestionarios ha comprendido que mediante esta periodicidad y el empleo de contraconceptivos durante dos años antes de tener un nuevo vástago, se produce más económicamente que de ningún otro modo mayor proporción de ciudadanos sanos y vigorosos.

Queremos terminar este capítulo afirmando, como los profesores Patrick Geddes y J. Arthur Thompson dicen en su popular obra *La evolución del sexo*: «Aparte de la densidad de población, ya es hora de saber: 1.º, que el dar a luz cada año, como todavía es tan general, agota cruelmente a la madre. 2.º, que es, asimismo, perjudicial para la calidad de la prole. 3.º, que tanto a la madre como a los hijos les conviene que, entre parto y parto, haya por lo menos un intervalo de dos años cabales, aunque algunos ginecólogos crean que debieran intermediar tres años. Por lo tanto, es hora, como oímos que un valeroso párroco les decía a sus feligreses, de acabar con la quejumbrosa blasfemia que miran, como beneficio de una misteriosa providencia, un tropel de hijos enfermizos».

LOS CONTRACONCEPTIVOS

Estimamos que es una labor urgentísima la de editar unos folletos, o si es posible, hojas sueltas de divulgación de los métodos contraconceptivos para las familias pobres y menesterosas. Son muchísimos los contraconceptivos que existen, aunque todos giran en torno a dos variaciones, la esponja y el capacete, que suelen alternar con el empleo o no de sustancias químicas. Muchos más de diferente contextura se conocen en la actualidad. Aquí queremos hacer constar únicamente que la esponja, en sus múltiples y variadísimos modelos, no es en modo alguno segura, aunque es uno de los métodos más corrientes, y que únicamente los capacetes, de cualquier clase que sean, ofrecen garantías suficientes. El capacete no es más que una funda de goma que se adapta a la forma de la matriz y se hace en diversas formas y con distintos tejidos. Está inspirado en uno de los primeros métodos contraconceptivos, el pesario obturante Mensinga, del que en la actualidad existen muchos modelos. El más perfecto, que propugnaba la doctora Stopes en su clínica maternal, el llamado *prorace*, tiene la particularidad, que hoy han recogido algunos otros modelos, de estar hecho exclusivamente de goma, sin borde de muelles, como el llamado holandés, y de no tener cordón o cinta que lo una al exterior, porque buen número de mujeres al intentar sacarlo suelen con ello desviarse la matriz, achacándose después las ventajas al método contraconceptivo, necesitándose sólo un pequeño aprendizaje en la clínica o por persona competente para ver lo cómodo y útil de su empleo, que no depende más que de la longitud del dedo pulgar y medio, que en la mayoría de las mujeres es proporcional a la de la vagina, con lo que su colocación es sencilla. Que, además, puede mantenerse colocado durante veinticuatro horas, con lo cual dice Marie Stopes: «La mujer puede tomar esta salvaguardadora precaución mientras está en los cotidianos menesteres y no tiene estorbo de índole psíquica en el acto sexual, cuyo valor emotivo es sumamente importante para las personas de delicado temperamento».

El capacete puede usarse de continuo, salvo en el período de la menstruación, si bien es necesaria una mayor limpieza con irrigaciones diarias. El doctor Mensinga, en su obra *Facultative Sterilitat*, parte II, hablándonos de su pesario, que es el que ha inspirado los diferentes modelos de capacetes, nos dice: «En general el pesario, si se deja, puede permanecer colocado todo el tiempo que se quiera hasta que empiece la menstruación. Algunas mujeres se lo dejan puesto durante todo este período intermenstrual, usando la irrigación;

otras, las más, se lo quitan dos veces por semana, o una vez al día si lo creen necesario».

La seguridad del capacete —dice la doctora Stopes— consiste en que impide la entrada del semen en la matriz y lo circunscribe a la vagina, donde las naturales secreciones ácidas de la mujer sana agotan la vitalidad de los espermatozoos antes de los diecisiete días que permanecen vivos. No es necesario el empleo de ninguna sustancia química, como la quinina, y sean cualesquiera las formas del capacete, siempre que se tenga el debido cuidado y la necesaria limpieza, puede garantizarse por hoy, salvo los adelantos de la ciencia, que todos deberemos tener especial interés en fomentar e incrementar su seguridad como un método contraconceptivo dentro de las normas mínimas de la higiene. Enseñar a la mujer la limpieza indispensable, hacerle ver los peligros de ponerse el capacete demasiado seco y enseñarle a ponérselo en un tarrito de loza con tapadera, lleno de agua para hacer que conserve su flexibilidad, serán funciones secundarias de la comadrona o enfermera a que se recurra. Baste, pues, decir que este método, por tratarse de una precaución que la mujer adopta, es el método no sólo más seguro sino más cómodo para evitarse incluso la oposición del marido, en el caso de que ésta exista, eludiendo de todos modos el embarazo que la mujer haya comprendido que puede resultarle nocivo o que no tiene medios económicos con que subvenir a los gastos de un nuevo ser.

EL CELIBATO ECLESIÁSTICO

La Constitución los Códigos de la República deben declarar que es libre el matrimonio de los clérigos y que es recomendable que constituyan una familia y un hogar. Los criminalistas más eximios, el eminente J. Maxwell, sustituto fiscal de París, afirmaba que el celibato impuesto a religiosos y clérigos ha producido efectos deplorables, habiendo sido aprovechado por la pudibundería cristiana para desarrollar y aun crear la hipocresía sexual, tan ridícula y culpable.

Nosotros tenemos la convicción de que haciendo esto y procurando al clero español que restara —pues sería de desear que, después de expulsar todas las órdenes religiosas y de confiscar sus bienes, al igual que en Méjico, se diera una ley por la que se redujera el número de clérigos, uno por cada cien mil habitantes— la máxima independencia de Roma, se llegaría inmediatamente a comprender los inconvenientes del celibato, que los mismos sacerdotes son los primeros en reconocer, y que pueden resumirse en las frases del francés Jaime A. Dulaire, que hace de ello casi un siglo exclamaba en su *Historia de los diferentes cultos*: «Los célibes, sea cualquiera la ley que les ordena ese estado, no pueden resistir largo tiempo al voto de la naturaleza, porque las leyes que contrarían son impotentes en todo caso. Están, pues, forzados a transgredirlas y a aumentar el número de agentes de la pública corrupción. Así, no es de ningún modo la falta de sacerdotes célibes, como vulgarmente se cree, lo que contribuye a la depravación de las costumbres, sino sus pasiones, la multitud excesiva de ellas. Es un hecho constante que los países de Europa donde están más depravadas las costumbres son aquellos en donde abundan más los clérigos. He aquí un hecho constatado, ante el cual vienen a quebrarse todos los sofismas en contra». Nosotros, que no somos fanáticos ni intransigentes, como los secuaces de esa religión, tenemos la evidencia, como dice Julio Michelet, de que el sacerdote «vuelto a ser hombre, libre de un sistema artificial (absurdo, imposible hoy) volverá a entrar en la naturaleza y en medio de nosotros ocupará su lugar».

LA COEDUCACIÓN

Parecía fuera de duda que la etapa moderna era la que había de consagrar inevitablemente la coeducación. Aún parece que hay quienes se resisten a ello en nombre de una pretendida moralidad. Por un respeto a la sana orientación sexual de la infancia, antes que por otras razones de más peso moral, hemos de abogar por la implantación inmediata y con carácter obligatorio de la coeducación. La naturaleza no separó jamás los sexos. El hombre ha sido quien inventó la educación diferente para cada sexo. El profesor Marr, a últimos del siglo pasado, denunciaba ya con acierto los peligros de los colegios unisexuales para el porvenir de la raza, que depende de los adolescentes que a ellos acuden.

Juan Mareschini y Julio Obici, doctores italianos, descubrían también por entonces a los asombrados ojos del mundo que creía pecado cuanto trataba llana y limpiamente las cuestiones sexuales que «las amistades de colegio, coetáneas de las primeras manifestaciones del amor, fueron el hondo secreto sexual de muchas historias clínicas que hubieron de degenerar más tarde en dolorosas tragedidas».

La coeducación desde los primeros años, mantenida en las escuelas, institutos, universidades y, sobre todo, en las normales, acabará con esa obsesión sexual de la mujer, de la que luego hablamos, y acabará con las tendencias homosexuales y sáficas que se advierten en los colegios unisexuales. Porque en los centros donde se practica la coeducación, dice Quintiliano Saldaña, «toda aproximación excesiva de adolescentes de un mismo sexo es marcada con befa y tachada como sospechosa. Esos cariños misteriosos pronto levantan en su torno la burla, y no hay palmeta más dura para corregir que la del ridículo».

CARTILLAS PARA LOS ADOLESCENTES

Una de las inmediatas prevenciones y publicaciones de propaganda que debería emprenderse en España es la de una cartilla para los adolescentes. Podría tomarse como modelo la del doctor Calmette, publicada por la Officine International d'Higiene de París, y destinada a los alumnos de liceos, institutos, normales y colegios, en edad de quince años aproximadamente, cuando aparecen, por regla general en los adolescentes, las primeras manifestaciones de la pubertad, y época en la que la educación sexual ofrece garantías de eficacia, prevenciones contra los riesgos de la prostitución, consejos contra el contagio, exaltación de la finalidad reproductora de la especie y del verdadero amor, que no se cumplen, éste en el cariño mercenario comprado por dinero, ni aquélla en la unión sexual por unas horas que no habrá de dar fruto alguno.

El doctor Calmette termina con razones como éstas: «Reservad vuestra hermosa juventud intacta para la compañera que asociéis a vuestra vida, a vuestros pensamientos y vuestras alegrías». La noble misión sexual, designio trascendente de médicos, higienistas y educadores, debe ser divulgada entre estos adolescentes que no han podido recibir una pedagogía eficaz en sus primeros años, y que se ven lanzados a la existencia con una inquietud, una curiosidad más intensa aún que antaño y acechados por mayores peligros.

Esta cartilla puede ser una coraza que los defienda contra las asechanzas del mal.

FOLLETOS DE INICIACIÓN SEXUAL

También es urgentísimo emprender por esta Liga, con fondos suficientes, una propaganda original mediante libritos pequeños, folletos lo más reducidos posible, en tiradas de millares, y aun millones, de ejemplares, donde se procurase en unos una iniciación sexual grata, sencilla y amena para los niños, que serían repartidos entre todos los pequeñuelos que asisten a las escuelas y auxiliados en su labor por los maestros y orientadores, y otros donde se recomendara a las madres particularmente los medios mejores de educar sexualmente a sus hijos, y de obviar las inquietantes preguntas que éstos suelen hacer en los momentos difíciles de las primeras inquietudes. Estos folletos repartidos en talleres y fábricas, en hospitales y clínicas, en los centros de educación y hasta en las casas, serían un eficaz tratado de Puericultura, ya que el cuidado de los niños no es el mero interés por su mejor estado físico, sino también por sus preocupaciones morales e intelectuales. Para hacer esta labor podría abrirse un concurso entre médicos, higienistas, abogados, pedagogos y sociólogos para ver de buscar entre todas las obras presentadas aquella o aquellas que reuniesen las mejores condiciones que hiciesen presumir que la labor divulgadora sería fácil, haciendo de ella una intensísima propaganda con reproducciones de millones de ejemplares, que harían una labor utilísima, ya que llevarían las soluciones a muchas mujeres que, por ignorancia o por pereza, no se han preocupado de investigar por sí propias. La finalidad de esta complejísima labor a que hacemos referencia es la de que no quedara en la República española ningún hombre ni mujer que no tuviese conocimiento pleno de estos problemas, que no quedara ningún niño sin tener por medio de esta protección del Estado la debida iniciación sexual que sus padres no están aún capacitados para proporcionarle.

LA FINALIDAD DE LA EDUCACIÓN

Nunca como ahora se percibe la necesidad verdaderamente urgente de transformar por completo la misión de la educación. Nosotros, convencidos de ello hace mucho tiempo, creemos que este es el instante en que puede llevarse a la práctica. Van a crearse maestros, eliminando el sistema absurdo de la oposición, por cursillos intensivos; van a salir misiones pedagógicas de la educación. Antes que nuestras palabras, sentidas, pero modestas, vamos a poner las de uno de los más grandes pedagogos nuevos, el poeta indio Rabindranath Tagore: «En mi sentir, el fin de la educación consiste en obligar a nuestro espíritu a alcanzar, mediante la inteligencia y el esfuerzo moral y espiritual, la armonía de las relaciones con todas los cosas que nos rodean. Se puede adquirir una educación por medio de libros y enciclopedias; pero esta educación no puede satisfacer a nuestro espíritu inquieto. Los alumnos de mi escuela de Santiniketan dirigen en el pueblo vecino clases de adultos. Nuestra granja experimental está siempre dispuesta a rendir servicio a los convecinos. Nosotros animamos a nuestros muchachos a que ayuden a los aldeanos en la limpieza de sus depósitos y en la lucha contra la malaria. Porque el fin de la educación es preparar el espíritu para mantener relaciones armoniosas, no tan sólo con la naturaleza, sino con la humanidad. Una escuela ideal debe estar en contacto con la actividad humana que la rodea y debe darse ocasión a los niños para que tomen parte en ella y desarrollen de este modo su simpatía hacia las gentes que labran la tierra para ellos y para ellos tejen las telas. Sólo el don de la imaginación y de la simpatía confiere a un hombre el derecho a instruir a los niños. Que el maestro desempeñe siempre el papel de inspirador».

Y si tan profunda y trascendental es la misión de la nueva enseñanza, si hemos de procurar poner al niño en contacto con la vida, ¿cómo alejarle del tema sexual que forzosa e inevitablemente habrá de desempeñar en su existencia papel tan importante? Hagámosle ver al niño la poesía y la realidad de los hechos. Acerquemos al niño a la vida en la que habrá de entrar en el transcurso de unos años al luchar entre adversos o favorables elementos. No seamos tan inconscientes que manteniendo al niño en estúpida ignorancia y aislamiento le lancemos después violentamente en un mundo de pasiones, donde todo gira en torno a tan candente cuestión, de la que no tiene la preparación mínima indispensable para conocerla y para precaverse de ella.

LA ENSEÑANZA DE LA CONTRACONCEPCIÓN

Hasta nuestros días —triste es reconocerlo— en las facultades de Medicina no se estudia exprofeso con una asignatura indispensable la contraconcepción. Nociones diversas, aquí y allá, técnica de la embriotomía, del aborto. Nada más. Si algún alumno más inquieto investiga sobre ella no habrá de poder hacer gala de sus conocimientos. Es necesario propugnar por que sea España una de las primeras naciones que incluyan en el plan de enseñanza de la Facultad de Medicina la contraconcepción. La doctora Stopes hacía referencia a este interesantísimo punto, e indicaba que los alumnos deberían asistir en primer término a unas cuantas conferencias sobre contraconcepción, previa su asistencia a dos o tres partos, para que tuvieran conocimiento del cuerpo humano en «vivo» y no como hasta aquí, que en todas las enseñanzas de esa facultad se opera sobre cadáveres, lo que ha hecho exclamar como lema de los estudios de Medicina a buen número de estudiantes que adoptaron la frase como lema humorístico de la facultad que cursaban: «El hombre normal vivo no existe; si existiera sería un monstruo».

Como mínimum, se darían tres conferencias de un hora, ilustradas con cinematógrafo, diagramas y exhibición plástica de las aplicaciones preventivas. Los alumnos deberían permanecer, por lo menos, durante seis o doce períodos de dos horas cada uno en la clínica reguladora de nacimientos, auxiliando a los médicos y comadronas de servicio para escuchar sus consejos técnicos y hacerse prácticos en la colocación de capacetes y otras aplicaciones, interesándose después en horas extraordinarias o cursos supletorios por los casos difíciles, frecuentísimos entre las mujeres proletarias, destrozadas ya por numerosos partos. A pesar de lo cargados que están ya los planes de enseñanza, esta nueva materia, que no sería una asignatura más, que no implicaría el aprendizaje por demás farragoso de un texto, sería sumamente interesante por sus rendimientos para el porvenir. Más hétenos aquí con dos problemas secundarios. Uno, el de que para que los estudiantes de la facultad estuviesen capacitados para estos estudios necesitarían una educación sexual, previa, razonada y consciente que les dotase de la suficiente garantía de inmunidad espiritual para que estas experiencias no causaran en su espíritu choques imprevistos en las complejísimas reacciones psíquicas. Otra, que acaso por parte de algunos padres, aún apegados a la vieja usanza, se objetará que esta enseñanza debería ser voluntaria para que no la cursasen más que los que la desearan, y que se eliminara de ella a las muchachas que acudimos a la facultad. Las dos objeciones han de ser obviadas. En el primer caso, porque si esperamos a que la educación sexual sea un hecho entre los miles de muchachos que pasan por las facultades, necesitaríamos el transcurso de diez o doce generaciones escolares —cada año la generación se renueva— para que una mayoría al menos estuviese dispuesta para ello. Es necesario empezar ahora, arrostrando ventajas e inconvenientes. La segunda, porque estimamos que la enseñanza de la contraconcepción es algo tan simplista, tan técnico, tan alejado de toda pornografía, que estos simples conocimientos deberán ser indispensables para todo médico, a quien en su porvenir se le puede plantear una de estas cuestiones clínicas y que, prosiguiendo como hasta aquí en la mayor ignorancia, desconocería siempre cómo resolverla científicamente. El eliminar a las mujeres nos parece injusto y absurdo. Ellas, esto es, nosotras somos las más interesadas y más capaces para difundir después estas enseñanzas entre nuestras compañeras de sexo. Propugnemos todos, pues, por que en breve en las facultades de Medicina de España se den cursos intensivos de contraconcepción.

CLÍNICAS REGULADORAS DE NACIMIENTOS

En España deberían instalarse, al menos inicialmente, una clínica reguladora de nacimientos en Madrid, Barcelona, Valencia, Sevilla y todas las grandes capitales. Para hacer ver la verosimilitud de tal proyecto, exponemos aquí la organización de la primera clínica reguladora de nacimientos que en 1917, el delantero de la Aviación, H. V. Rose, se ofreció a sostener adscrita al Hospital de Santa María, de Manchester.

Organización personal. Un médico para los enfermos y una médico para las enfermas. Uno y otra habrán de ir a Holanda en viaje de estudio y permanecer allí unas cuantas semanas en compañía de las discípulas de la doctora Rugers, en La Haya, y de la doctora Aletta Jabos, en Amsterdam, practicando en sus clínicas.

Enfermos. a) Toda mujer que haya tenido mal parto.

b) Todos los cónyuges que evidentemente padezcan enfermedad hereditaria, estén muy débiles o tengan algún defecto.

c) Todos los cónyuges cuya situación económica no le permita tener más hijos.

d) Todos los cónyuges que soliciten la asistencia de la clínica.

También habrá escuela de comadronas y enfermeras.

Métodos de instrucción. Por medio de folletos que expliquen los mejores métodos contraconceptivos, las más eficaces precauciones y los casos en que se debe impedir el embarazo.

Enseñando el uso de los pesarios, capacetes, esponjas e irrigaciones.

Instrucciones especiales a quienes padezcan enfermedad venérea, enfermedades hereditarias y contagiosas, presentándoles la importancia de impedir el embarazo y diciéndoles qué precauciones han de tomar para evitar el contagio del otro cónyuge.

Especial instrucción en el caso de que esté mal informado el que la reciba.

Instrucciones referentes a la manera de adquirir los preventivos, lo más económicamente posible.

Ha de haber depósito de pesarios, capacetes, jeringuillas, etc., para la venta pública, pero proporcionándose gratuitamente o a precios ínfimos a los pobres.

Este tipo de clínica prenatal no funciona en Inglaterra como estaba previsto, adscrita a un hospital. Hay clínicas que funcionan independientemente. Sin embargo, el método ideal para su instalación es que funcionen unidas a las clínicas prenatales actuales y centros de puericultura, donde existe todo el equipo médico y técnico que se necesita. Una pequeña subvención más por parte del Gobierno para el aumento del personal de plantilla, que no será simplemente médico, sino la enfermera que esté en condiciones de comprender el íntimo drama psicológico de cada mujer, y la labor se habrá realizado para beneficio de todos.

CLÍNICAS MATERNALES

Junto a las clínicas reguladoras de nacimientos, más frías y técnicas, por cuanto pudiera limitarse casi en absoluto su labor a la investigación de los métodos más prácticos y a la eficaz consulta de médicos y practicantes adiestrados, en los centros de puericultura podrían funcionar clínicas maternales, como la que fundó Marie Carmichael Stopes en Londres, Malborough Road número 61, Holloway, con personal casi exclusivamente femenino, aparte de técnico compenetrado con las ansias de las mujeres que solicitasen su apoyo, dispuestos a tolerar toda su natural ignorancia, sus timideces, hábiles para ser confidentes y confesoras de lo que acaso a un médico en el frío e inhóspito ambiente de una clínica no se atreviesen a confiar. Los misterios de las relaciones sexuales íntimas de los matrimonios o de las parejas en general, que hasta aquí, para vergüenza de las mujeres que lo han consentido, sólo se ha atrevido a violar el confeso incapacitado por un sin fin de razones, que sería prolijo enumerar para tan absurda misión, no puede ser rasgado de repente entre las frías manos de un técnico especialista. Aun defendiendo la creación de estas clínicas reguladoras de nacimientos, lo comprendemos así. Este es el motivo por el cual estimo que es urgente crear un núcleo de mujeres preparadas para esa comprensiva labor de orientación de la mujer necesitada de su apoyo moral. Por esto voy a hablaros de esta clínica maternal, para que apreciéis el ambiente que en ella reina y para que perciban los poderes públicos la urgencia de su creación, previa la existencia de un cuerpo de mujeres que no sólo aprendieran la técnica necesaria para poder dar la orientación requerida, sino la psicología natural e intuitiva precisa para comprender el caso personal y particularísimo de cada mujer sometida a consulta.

La clínica maternal la describe así su creadora: «Dos salas son suficientes, aunque mejor es que haya tres, como las que tiene la clínica actualmente en funciones, con un cuarto para almacén. Las dimensiones de las salas son por el estilo de las de cualquier centro de puericultura. A fin de facilitar el acceso con todo recato a la clínica se adquirió un entresuelo y una tienda en una silenciosa calle de un barrio bajo, velando con cortinillas

las ventanas de la tienda y pintando en el frontis el rótulo: "Clínica Maternal". La tienda sirve de recibimiento con mobiliario y ornamentación a propósito para producir un buen efecto psíquico, sobre todo el de salud y, a ser posible, de belleza, de modo que predispongan favorablemente el ánimo de los consultantes, disipando todo temor, recelo y desconfianza, porque los cónyuges que acuden a la clínica han de experimentar la sensación de que no se les va a tratar como enfermos ordinarios ni a someterlos a una operación quirúrgica, sino a considerar en un ambiente de cordialidad uno de los más vitales problemas de su existencia. El decorado es de color azul intenso y blanco, y los muebles los de un ordinario aposento, con pinturas de tonalidad azul en las paredes. Las enfermeras llévan traje uniforme azul y blanco, y necesitan el título de comadrona. La personalidad de la enfermera en funciones de su cargo es un factor importantísimo en casos de manipulación, sobre todo, tratándose de las pobres obreras de los barrios miserables, agotadas por exceso de trabajo. La clínica está abierta todos los días y, dos veces por semana, no se cierra hasta muy tarde para que los maridos puedan venir con sus mujeres después del trabajo. No necesitan recomendaciones ni se exigen honorarios. Todo padre o madre tiene gratuitamente abierta la clínica.

»En ella se procede como sigue: una vez declarado el caso, y después de dar consejos de carácter general, si se necesitan concretas instrucciones respecto del uso de los capacetes o cualquier otro preservativo, la enfermera conduce a la interesada a un aposento interior, severamente alhajado y provisto de cama, palangana, desinfectantes y un biombo. Si, como generalmente sucede, es el capacete el preservativo recomendado, la enfermera hace una inspección digital (con guantes de goma asépticos) para indicar si la matriz está en posición normal o si, por el contrario, hay prolapso o está dañada o deformada en la región cervical. En caso de que haya alguna anormalidad, acude la interesada a la visita de un especialista que va diariamente a la clínica y aconseja el método más conveniente, según las circunstancias del caso. En los casos sencillos y ordinarios, después de que el examen digital haya comprobado la normalidad de la matriz, la misma enfermera indicará el tamaño del capacete, aplicándoselo enseguida a la interesada y enseñándole a colocárselo por sí misma y andar un poco con él puesto. Después se le quita el capacete para que la mujer vuelva a colocárselo por sí misma y andar, para que luego la enfermera vea si está bien colocado. Pocas mujeres necesitan dos lecciones; pero el ambiente de simpatía y amabilidad que se respira en la clínica invita a ser francas y pedir nuevas instrucciones a las que tropiezan con alguna dificultad».

En esta clínica se lleva una hoja de cada una de las personas atendidas, se procura, al propio tiempo, la instrucción sexual suficiente para llevar a cabo con toda perfección las relaciones sexuales, procurándoles, en fin, los necesarios conocimientos sobre tan interesante punto que hasta aquí, por la dejadez de las escuelas que no se han preocupado de estos temas, lanzan a hombres y mujeres al matrimonio o a la unión; a ellos, sin otra experiencia que la adquirida en el prostíbulo; a ellas, ignorantes en los más casos, acaso con unos cuantos conocimientos teóricos pornográficamente aprendidos y siguiendo una deficiente orientación. Hemos de procurar acabar con ese género de comadronas clandestinas que no vacilan en dar cobijo a las mujeres en sus casas para hacerlas abortar sin la menor preparación científica, o para aconsejar métodos reñidos en absoluto con los progresos de la ciencia. Inculcaremos en la mente de todos que la regulación de los nacimientos no es pornografía, sino ciencia puesta al servicio de la humanidad para mejorar su situación, de otro modo insostenible. España puede hacer mucho en este sentido. Las comadronas que aprendan técnicamente en estudios supletorios estos interesantes problemas podrían ser —examinadas en cuanto tendiera a investigar su amor y comprensión hacia sus compañeras de sexo— las que se situaran al frente de estas clínicas maternales, resolviendo así buen número de los problemas psicológicos de las madres proletarias y aun de clases elevadas que hasta aquí han sido los gérmenes de divorcios y separaciones que nosotros, precisamente por propugnar la máxima libertad en la vida sexual, somos también los primeros en rechazar cuando son innecesarios.

CENTROS DE BIENESTAR

Como remate a la labor que estas dos instituciones realizaran podrían funcionar, como en Inglaterra, centros de bienestar. Unos seis meses después de abierta en Londres la Clínica Maternal, la Liga Malthusiana estableció un centro de bienestar en Walwort, en donde, además de la obra propia de las instituciones se dan informes teóricos y consejos sobre la regulación de los nacimientos a quienes desde fuera lo solicitan (pueblos, puntos donde no existan estas clínicas), que saben tienen allí siempre un plantel de médicos dispuestos a orientarles y aconsejarles en todas las actividades de su vida sexual.

Es necesario que en los distritos pobres se establezcan entre nosotros centros de bienestar, donde se oriente a los matrimonios y se les prepare para la labor que haya de hacerse en las clínicas maternales y reguladoras de nacimientos. Un simple cuarto, lo más cómodo y ventilado posible, médicos especialistas y dos o tres comadronas y enfermeras que se orienten en esta profesión, serían lo bastante para facilitar la obra emprendida, dar empleo a tantos y tantos médicos como salen anualmente de las facultades y educar a los hombres y mujeres españoles desacostumbrados en cuanto a estas cuestiones por la ruta de la nueva y eficaz educación.

EL PROBLEMA DE LOS NIÑOS ANORMALES

Mientras la humanidad, por no haber llegado a un grado de educación suficiente, siga produciendo niños anormales, es necesario que nos ocupemos de su situación, procurando que los gastos del Estado a este respecto no sean tantos como para dejar sin el debido apoyo a los niños sanos que, futuros ciudadanos productivos, lo merecen más, sino para procurar, con la máxima economía y la mayor eficacia posible, aprovechar lo hasta ahora realizado, que es mucho, pero con absoluto desorden en pro de estos desgraciados seres y procurar antes que su mantenimiento en hospitales o centros reeducarlos en cuanto sea posible para su intervención en la vida social, llegando si es preciso en casos excepcionales a la esterilización. Es necesario para ello reformar y ampliar la acción de nuestro Tribunal Tutelar de Menores, cuyos reformatorios siguen siendo una vergüenza, procurando alejarlos en absoluto de toda influencia religiosa, situarlos en un ambiente de fraternidad y de camaradería para los niños y jovenzuelos y transformar el criterio inspirador de los juicios. No olvidemos las frases de Chute, en su mensaje al presidente Hoover, en Norteamérica, que han dado como resultado un extraordinario avance en el camino de la protección a la infancia: «Los niños no deben ser nunca tratados por los rígidos procedimientos criminales usuales, sino por procedimientos especiales, en tribunales aparte, ni debe consentirse nunca el contacto de los niños con criminales adultos en cárceles y prisiones. Pero es necesario que en los Tribunales que se establezcan no haya sólo hombres de buena voluntad, sino personal capacitado para hacer el examen y estudio mental del niño delincuente, y en los que se haga uso de los servicios de la Clínica Psiquiátrica para el conocimiento físico y mental del sujeto. Existen muy pocos tribunales de niños que posean clínicas para hacer esta clase de exámenes. Los niños delincuentes necesitan ser examinados con el mayor detenimiento física y mentalmente». Es importantísimo descubrir las causas de la conducta anormal, y esto no puede hacerse sin establecer un diagnóstico médico y social al mismo tiempo. En los tribunales con clínicas competentes para hacer tales estudios sobre el niño se ha encontrado que la corrección de una condición anormal ha marcado muchas veces el principio de la buena conducta de niños y niñas considerados como delincuentes.

Clínicas de conducta. Nosotros abogamos como un medio urgente y rápido por la implantación de clínicas de conducta en las escuelas, método que ha defendido recientemente Mr.

George J. Ryam, en una reciente reunión de la New York Board of Education, manifestando que «no tan sólo es necesario hacer un examen físico y mental; hay que completar este estudio del niño con una investigación social. Es preciso hacer un plan para organizar en nuestras escuelas —las nuevas escuelas que habrán de crearse en España ofrecen una magnífica posibilidad— una instrucción especializada, más individualizada que ponga en evidencia los problemas de la conducta infantil».

Escuela profesional para vagabundos y delincuentes infantiles. Es, asimismo, urgente crear en España una escuela como la de reciente constitución en Honduras, de tipo industrial, para muchachos vagabundos o delincuentes menores de dieciséis años. En ella se recogen a los niños que frecuentan malas compañías o cuyos padres no tienen medios para educarlos. El director de la colonia decide la duración de la estancia, que no puede ser más allá de los dieciocho años. Desde ella se vigilan a la salida a los jovenzuelos, los contratos de trabajo con patronos que se encargan bajo estrecha fiscalización de dar trabajo y remunerar en las mismas condiciones que a los restantes a estos aprendices, manteniéndose en constante relación con el Comité Directivo. Magnífica enseñanza que debemos aprovechar en España. No aislemos a los anormales y a vagos. Pongámoslos en condiciones de intervenir en la lucha por la vida, si no como un factor calificado, como el ser normal, a lo menos para no necesitar de la caridad para vivir.

Institutos para estudiar la fisiología del trabajo. Es asimismo urgente que se tenga en cuenta, en relación con este interesante problema, la influencia de la higiene mental en torno al trabajo profesional. En España podrían muy bien crearse, al igual que en Alemania se han fundado recientemente, dos institutos para el estudio de la fisiología del trabajo. Estos dos institutos, comprendidos bajo la denominación común de Kaiser Wilhem, con dos edificios situados uno en Dortmund y otro en Münster, están bajo la dirección del doctor Adler, habiendo sido creados por la colaboración de la provincia, los Ayuntamientos, la Universidad y la industria privada. El instituto de Dortmund se encarga de estudios sobre la fisiología del trabajo industrial y el Münster sobre la cultura física y la enseñanza de la fisiología del trabajo. La nueva República de trabajadores que será España deberá hacer del trabajo no un estigma denigrante de una clase social determinada y juzgada como inferior, sino una profesión dignificada y ennoblecida, y para la que sea preciso reunir determinadas condiciones especiales para dedicarse dentro de ella a una determinada actividad. Estudiemos la fisiología del trabajo y nos habremos evitado muchas tragedias, grandes y pequeñas, nacidas de una perniciosa orientación profesional, que crean en el hombre estados de ánimo perniciosos y, en muchas ocasiones, le perjudican físicamente, pues intervienen de un modo activísimo en la función de reproducción.

LA CURACIÓN DE LOS ENFERMOS MENTALES

De todo ello extraemos esta consecuencia: la psicología, la pedagogía, la psiquiatría, la criminología y la economía convergen en afirmar la necesidad científica, moral y social de atender eficazmente a los niños y jóvenes afectados de anormalidades psicopáticas y de deficiencia mental. Todas estas disciplinas científicas y sentimientos sociales reclaman de los poderes públicos que afronten, no en la limitadísima medida en que hasta ahora lo han hecho, sino en la extensión y con los medios necesarios y el tratamiento requerido para los niños y jóvenes afectados por esta dolencia. Un tratamiento que tienda sólo a aislar los casos totalmente inútiles y perjudiciales para la vida en común y que procure la reeducación de los restantes y su adaptación para la vida en la sociedad. Las campañas pro higiene mental se han iniciado ya en todos los países. Servicios fuera de la ley, como el iniciado por el doctor Toulouse en Francia, han convencido a los gobiernos de la necesidad de ocuparse de ello. El éxito de la gestión del doctor Toulouse llega hasta el punto de que varios miembros del Senado francés proponen la aprobación de una ley de profilaxia mental, siguiendo el nombre impuesto por el citado médico al dispensario por él dirigido. Es urgente que cese el actual hacinamiento en los manicomios, donde hay enfermos que duermen a la intemperie por falta de local, que desaparezca la camisa de fuerza, camisas y grilletes que juzgan al loco como un peligroso y no como un enfermo sometido a curación, que se aumente la higiene y la ración alimenticia, que se asegure a cada enfermo o el particular tratamiento a que tiene derecho aumentando el número de médicos y enfermeros, que se hospitalice sin requisito alguno, exigiendo el certificado después del ingreso a todo el que presente alteraciones del psiquismo, que se aumente el número de manicomios, y que se cree un servicio social psiquiátrico auxiliar que vigile la actuación de los enfermos dados de alta y vigile en sus primeros pasos en el mundo para el cual trabajosamente han sido adaptados. Hemos de evitar el juzgar a los manicomios como centros de aislamiento perpetuo. No pueden ser otra cosa que centros de reeducación espiritual, de adaptación del espíritu para el ambiente del que se ha separado por un brusco choque. Y es necesario que en los manicomios modernos se tenga un especial interés en vigilar las causas psíquicas de la enajenación y de las anormalidades, se investiguen éstas, y de las estadísticas que resulten tengan los gobiernos y los poderes públicos que hayan de adoptar las medidas posteriores los materiales suficientes para dictar normas con la suficiente eficacia para remediar el mal atajándolo en sus causas.

LA IMPLANTACIÓN DE LA ESTERILIZACIÓN

Con frecuencia, los médicos y antropólogos suelen dedicar su tiempo a hacer estadísticas de los casos que pasan por sus clínicas y hospitales y lanzar a la publicidad sus resúmenes. Un médico español, don Quintín López Gómez, en su memoria *El alcoholismo*, publica los datos siguientes:

Los nacidos de alcohólicos dan esta estadística:

Un 2 por 100, de sordomudos. Un 6 por 100, de escrofulosos, hidrocéfalos y raquíticos. Un 7 por 100, de epilépticos. Un 9 por 100, de idiotas, cretinos y degenerados. Un 11 por 100, de tuberculosos. Un 18 por 100, de locos. Un 30 por 100, de condenados a morir al nacer o antes de los tres años. Y sólo un 17 por 100 de niños normales, aunque siempre resentidos en su salud y con propensión a contraer las más graves enfermedades. Esto en cuanto a perjuicios individuales.

Por su parte, el doctor Lachet, en un informe detenido sobre la situación en Bélgica, ha estudiado la descendencia de doce sifilíticos en cuatro generaciones, con los resultados siguientes: 76 prostitutas, 9 locos, 19 ciegos y escrofulosos y 44 criminales, de los que 17 eran homicidas. El gasto que todos estos individuos reportaron a la sociedad para aislarlos y prevenirse contra ellos fue de más de dos millones de pesetas.

La humanidad debe convencerse de que se ahorraría buena parte de la acción de la actual beneficencia si en los hospitales y clínicas y dispensarios antivenéreos se llegara a la esterilización obligatoria —la voluntaria la pedirían ya los hombres conscientes de su responsabilidad— de quienes de este modo pudieran representar un peligro para la sociedad y un desnivel para sus propios presupuestos. Es acaso el perjuicio de unos cuantos individuos de una generación. Pero es un beneficio para la humanidad en el porvenir. Inglaterra es uno de los últimos países que se ha decidido a meditar sobre la implantación de esta medida, por cuanto a la Cámara de los Comunes se ha presentado un proyecto de ley que prevé la esterilización de los defectuosos mentales. Apoyan el proyecto H. G. Wells, Lord Moynihan, Lord Riddel, el obispo de Birmingham y sir Leonard Hill. En las Cortes próximas, podría presentarse un proyecto de ley que solicitara la implantación de la esterilización obligatoria para los delincuentes y anormales en determinadas características y la voluntaria siempre que fuera solicitado.

EL DECÁLOGO DE EDUCACIÓN FÍSICA

Para contribuir a la mejora física de la humanidad nada como implantar inmediatamente este decálogo de medidas que acertadamente proponía el eminente pedagogo Augusto Condo al ministro de Instrucción Pública: 1.° Creación de los institutos de Educación Física afectos a las facultades de Medicina de Madrid y Barcelona como están organizados en algunas universidades del extranjero. 2.° Creación de los terrenos deportivos y gimnnasios en todas las universidades, institutos, escuelas normales y especiales que dependen del Estado. 3.º Creación de los «parques infantiles» para recreo libre de los niños y creación de los «campos de juego» afectos a los grupos escolares del Estado y del municipio, no consintiendo la construcción de ninguna nueva escuela que no tenga anexo o muy próximo un terreno de ejercicios físicos. 4.° Creación de campos deportivos para las juventudes proletarias, siguiendo el acuerdo del Congreso celebrado recientemente en Birmingham por las Trade Unions. 5.º Fomentar el tiro nacional entre todos los ciudadanos españoles, desde los catorce años, creando salas y campos de tiro en todos los pueblos que tengan más de mil habitantes. 6.º Organización de los «campamentos de vacaciones» para las juventudes universitarias. 7.º Hacer obligatoria la educación física en todos los centros de enseñanza a medida que vayan estando dotados de profesorado competente. 8.º Enviar al extranjero diez médicos y diez maestros jóvenes para que visiten los centros de educación física de Francia, Bélgica y Alemania, y fundar con estos veinte pensionados un instituto superior de educación física civil para las orientaciones científicas de esta disciplina. 9.º Celebrar concursos interuniversitarios de atletismo y deportes de las universidades y escuelas especiales. 10.º El profesorado de educación física debe estar retribuido como los demás catedráticos de institutos, para lo cual se les exigirán amplios conocimientos profesionales en rigurosas oposiciones.

LA TENDENCIA DE LA REFORMA

¿Para qué ocultarlo? La tendencia única de esta urgente reforma sexual es procurar una mayor consciencia en el acto de la procreación; que los dos cónyuges se den cuenta de la trascendencia del acto que realizan y se acostumbren a pensar en la responsabilidad que contraen. El acto procreador debe ser analizado desde un punto de vista moral, económico y jurídico. La sociedad tiene que precaverse contra estos aspectos y el individuo que someterse a ello. La humanidad marcha hacia esto inevitablemente. Es injusto e inútil predicar la cantidad, como lo hacen todos los que desde los púlpitos juzgan muy fácil de hacer lo que ellos mismos no se atreven a llevar a la práctica. Queremos evitar al hombre las consecuencias, pero no el placer, al que tiene perfectísimo derecho. Quien no halle en una actividad física o intelectual el desahogo a sus anhelos materiales y psíquicos, que halle en el acto sexual este desahogo, pero sin responsabilidad ulterior, ya que sería injusto cargarle con ella. Sentimos verdadera lástima por muchas mujeres que en España me hablan con deleite de «tener muchos hijos», víctimas no de un anhelo maternal insatisfecho, sino de una excesiva «hambre sexual».

Yo les rogaría que recordaran a aquel discípulo de Stuart Mill, que no podía ver sin un sentimiento de horror a un padre de familia, llevando de la mano con una expresión de beatitud inefable al hijo al cual había inflingido la vida. Y pensar en que acaso el 90 por 100 de los casos vuestros hijos tendrían derecho a volverse contra vosotros recordando aquellas frases de Chateaubriand, el gran lírico cristiano: «La primera violencia de la cual tiene derecho el hombre a quejarse es la de haber sido engendrado».

Ahora bien; para remediar esta situación, coincidimos absolutamente con el doctor Siccard de Plauzoles, vicepresidente de la Liga Internacional de los Derechos del Hombre, que en *La Grande Reforme*, órgano de la Liga de Regeneración Humana, expone: «Malthus ha recomendado esta limitación con el fin de regular el desarreglo de la población para evitar la miseria, tener una población sana y vigorosa, mejorar la suerte y aumentar la felicidad de las clases pobres. El único medio propuesto por Malthus es la continencia. Pero la abstinencia sexual, ¿es posible siempre? ¿Es menester que los jóvenes esposos, sanos y vigorosos, vivan en la continencia, en el celibato conyugal o procreen sin medida, más allá, incluso de las fuerzas de la madre? ¿Es menester, en caso en que la procreación esté médicamente desaconsejada, que los esposos se impongan una abstinencia cruel, incluso por encima de su voluntad, o que corran el riesgo de dar vida a seres tarados? Aparte de la contención moral, es menester admitir y hasta aconsejar los medios preventivos, la profilaxis anticoncepcional».

CONSECUENCIAS

En definitiva, la República está en marcha. Todos hemos de cooperar a su afianzamiento prestando ideas e iniciativas. Hay problemas más urgentes unos que otros. En el momento en que, calmado este turbulento mar de agitaciones políticas, España empiece a caminar segura por la ruta del porvenir, tendrá que hacer la revolución de las conciencias, y como es lógico, habrá de empezar por esta revolución sexual. Los hechos se imponen pese a espíritus pudibundos que, agarrándose al clavo ardiente del fanatismo y de la intransigencia, pretenden evitar el avance de los acontecimientos. Ya el gran argentino José Ingenieros, filósofo hondamente preocupado por estas cuestiones, escribía a principios de siglo: «En nuestro tiempo, la difusión de ciertos principios de filosofía científica ha modificado el valor de ciertos conceptos morales, principalmente en las clases ilustradas y pensantes que no cabe confundir con las dirigentes del Estado. De esta modificación sustancial surge la necesidad de reformar las leyes, procedimientos y sistemas penales, en concordancia con valores nuevos más conformes con el concepto naturalista del delito y su represión».

Esto es lo único que exigimos de la República. Adaptar las leyes a las nuevas circunstancias que han hecho variar por completo la situación en que anteriormente se encuadraban los problemas. La República puede y debe hacerlo.

No abordarlo con claridad situándolo bajo el crisol de la libertad con plena y limpia conciencia nos parecería ridículo. A primera vista parece un problema de escasa trascendencia. Pero la tiene y muy honda. De él depende el porvenir de España, puesto que se trata de la orientación de las nuevas generaciones de niños y jóvenes. Es el problema español, y es, al mismo tiempo, el problema de la raza.

Los hogares deshechos por la incomprensión mutua, los hijos mal orientados entre pornográficas iniciaciones en las calles, yendo a caer de jóvenes en los lupanares; las niñas, arrojadas a la prostitución encubierta; las familias menesterosas, rodeadas por un tropel de hijos hambrientos y miserables. He ahí el cuadro de las clases pobres y aun medias en España. El Gobierno debe poner un remedio urgente. Ofreciendo los medios para que esa situación se termine. Haciendo ver que la valentía que se tenga para abordar cuestiones de subsistencia económica se tiene también ante este problema de la raza del que depende en definitiva el engrandecimiento de España.

La primera edición de este este libro
se terminó de imprimir
el 13 de agosto de 2024,
setenta y ocho años después
de la muerte del escritor británico
H. G. Wells.

Títulos publicados

PREGUNTA
ediciones

Relatos

Las pérdidas rojas. Chusa Garcés
Cuentos detrás de la puerta. Begoña Abad
Amor, blanco roto. Chusa Garcés
Letras de tinta. Lourdes Aso Torralba
Baños de Panticosa. Premios Literarios. Varios autores
Sobreexposición. Laura Bordonaba Plou
Desde el otro lado. Prosas concisas. Fernando Aínsa
Buscando los orígenes de aquello. Irene Achón, María Jesús Artigas, Alberto Delmalo, Ana García, Coral González, Anabel Hernández, Aitana Muñoz, María José Pardo, Eva Pardos, Elisa Pérez, Manuel Pinos, Pilar Royo
Brioleta. Encuentro de escritoras aragonesas. Lourdes Aso Torralba, María Pilar Benítez Marco, Elena Gusano Galindo, Chusa Garcés, Blanca Langa Hernández, Angélica Morales, Marta Navarro, Almudena Vidorreta
Los soñadores. Roberto Malo
Bilbilitanos en la historia. Ricardo Ramos Rodríguez
El dolor del cristal. Sergio Royo
Polar. Laura Bordonaba Plou
La prueba final y otras historias cortas. Ganadores del Certamen de Cuentos y Relatos Breves Junto al Fogaril
Viviendo en tiempo brutal. Sergio Royo
Contemplación. Franz Kafka
Zaragoza turbia. José María Tamparillas
Sabor metálico. Eva Pardos Viartola
Cuentos esféricos. Chema González
Canciones tristes que te alegran el día. Miguel Mena
Todo es agua. Begoña Fidalgo
Mar de lejos. Manuel Pinos
Y de repente esta lluvia. Sergio Royo
De bares y mujeres. Marta Armingol, Olga Asensio, Laura Bordonaba Plou, Clara Castán Ibarz, Begoña Fidalgo, Paula Figols, Chusa Garcés, Magdalena Lasala, Elvira Lozano, Rosa Martínez, Angélica Morales, Eva Pardos Viartola, Clara S. Mendívil, Laura Serrano
Diáspora. Isabel Gutiérrez Cía
Relatos de La Flama. María Jesús Artigas, Emilia Bayod, Marta Gascón, Clara Járboles, Merche Llop Alfonso, Abraham José Mendoza Diloy, Eva Pardos Viartola, Alfredo Pérez, Elisa Pérez Ibarra, Manuel Pinos, María José Sanjuán, Wenceslao Varona López, Gloria Verdoy
Un martes cualquiera. Laura Latorre Molins
Con voz y voto. Pioneras americanas del relato social y la ciencia ficción y tres piezas del teatro sufragista británico. Edición de Isabel Alquézar y Berta Lázaro
Todos los crímenes del mundo. Sergio Royo
Un punto de destello. Pecker

Novela

El último concierto de David Salas. Roberto Malo
Crónica de un deseo. Antonio Ventura
Verde mar del norte. Clara Castán Ibarz
La brújula del universo. Mario de los Santos
El eco entre la bruma. Ricardo Ramos Rodríguez
Las sombras del Imperio. Ricardo Ramos Rodríguez
La movida que te salvó. Mariano Pinós
Merecer la vida. Laura Serrano
Cariñena. Antón Castro
Los días blancos. Marta Armingol
Declive. Fernando Rivarés
Canciones ligeras. Miguel Mena
Hannibaal. Miguel Carcasona
Inventario de monos. Galgo Cabanas (Mario de los Santos y Óscar Sipán)

De viento y sal. Clara S. Mendívil
Jimena. Magdalena Lasala
Catorce. Paula Figols
El silencio y su canción. Ángel Gracia
Marta. Víctor Juan
La nota muerta. Rosa Martínez
Para cenar, aire. Pedro Bosqued
Las batallas perdidas. Jaime Tomás
La fugitiva. Clara Járboles
Alcohol de quemar. Miguel Mena
La casa de los dioses de alabastro. Magdalena Lasala
Tristán. La ética del monstruo. Javier Romero Collazos
Puente de Hierro. Miguel Mena
Máscara. Ricardo Ramos Rodríguez
Leopardos en el diván. Gonzalo Fontana Elboj
Lucífugo. José María Tamparillas
Bendita calamidad. Miguel Mena
La estirpe de la mariposa. Magdalena Lasala
El colapso de la colmena. Julia Jiménez Carrera
Los Hijos de Hura. Abdelrahim Kamal
Dinero caído del cielo. Reyes Salvador
No podría estar más contenta. Marisol Aznar y María Frisa
Leitmotiv. Sergio Sarsa
Profanación. Ramón Acín
Onda Media. Miguel Mena
Proyecto Sada. Javier Gastón
La vista atrás. Laura Serrano
Pájaros azules en Roma. Miguel Ángel Nievas
Alerta Bécquer. Miguel Mena
Taquicardia. Teresa Álvarez
Moncayo estrés. Miguel Mena
Eva, la bibliotecaria. Ignacio Sanz
Los ojos tras la montaña. Pablo Fantova Ullod
Las lechuzas no son lo que parecen. Noemi Risco Mateo

Poesía

Litiasis. Manuel M. Forega
Todas las religiones son una / No hay religión natural. William Blake
Estoy poeta (o diferentes maneras de estar sobre la Tierra). Begoña Abad
AntiaéreA. Encuentro poético en Zaragoza. Carmen Camacho, Alicia García Núñez, Marta Navarro, Chus Pato, Inés Povar, Miriam Reyes, Sandra Santana, Hermanas del Hambre (Elisa Berna y Charo de la Varga)
Todo estalla dicho. Elvira Lozano
La experiencia de la poesía. Ángel Guinda
AntiaéreA II. Poesía encontrada en Zaragoza. Ajo, Eva Antón Bravo, Zhivka Baltadzhieva, Isabel Bono, Javier Corcobado, Cristina Járboles, Laia López Manrique, David Mayor, Carmen Ruiz Fleta
Diez años de sol y edad. Antología 2006-2016. Begoña Abad
Alud. Javier Fajarnés Durán
Los países de piedra. Pablo Javier Pérez López
Existe algún lugar en donde nadie. Juan Pablo Roa
Te mataré mientras vivas (Coronación supersónica). Raúl Herrero
La ciudad y el cuchillo. Javier Fajarnés Durán
Vidrieras. Laurent Tailhade
El tiempo de las alambradas. Antología poética. Antonio Orihuela
Esta vida verde. Antología poética. Lyn Coffin
Las palabras son nocivas. Antología poética. Amador Palacios
Las locuras ya no son locuras. Antología poética. Ferruccio Brugnaro
El techo de los árboles. Begoña Abad
Satirologio. Epigramas del siglo XXI. José Verón Gormaz
Caballo de mina. Gerardo Vacana
Big Bang. José Luis Esteban

Los signos en el agua. Noventa y nueve poemas. Joaquín Sánchez Vallés
Avanza el olvido. Javier Ramón Jarne
Fábrica de la seda. Miguel Ángel Curiel
Casa junto al arrecife. Enrique Ariño Gil
Trivium. Marcos Castillo Monsegur
El lenguaje de las ballenas. Begoña Abad
El libro de horas. Rainer Maria Rilke
Gran Guiñol. Miguel Ángel Ortiz Albero
Cantares y presagios. José Verón Gormaz
Marcha por el desierto. Sandra Santana
Una guitarra de contrabando. Gerardo Vacana
Diccionario de garzas y de mirlos. Pablo Javier Pérez López
Piedra y tijeras. Nacho Tajahuerce
#MedeaHaVuelto. Angélica Morales
Madres. Begoña Abad
Todas las moradas de mi aliento. Jacques Meylan
Razón de espera. Rafael Lobarte Fontecha
Poesía. Guido Cavalcanti
Tránsito. María Pilar Martínez Barca
Viejo. Sergio Gómez
Barro. Miguel Ángel Curiel
Historia del mundo antiguo. Joaquín Sánchez Vallés
Este día, este momento. Juan Pablo Roa
El miedo del doble a la soledad. Rosa Martínez
Un vuelo sin la mecánica adecuada. Pecker
Brioleta volumen 2. Poesía aragonesa en femenino. Carmen Aliaga, María Pilar Benítez Marco, Mar Blanco, Marta Domínguez Alonso, María Dubón, Ana Giménez Betrán, Reyes Guillén, Blanca Langa Hernández, Angélica Morales, Trinidad Ruiz Marcellán, Helena Santolaya y Carlota Urgel
Entre el huerto y el corral y otros versos. Gerardo Vacana
Cantar cuarenta. Cancionero completo 1983-2023. Gabriel Sopeña
Sálvida. Sofía Díaz Gotor
La fuerza de la tierra. Paula Martínez
Ahab. Antología poética. Carlos Ramos
Enseres del invierno. Miguel Carcasona
A la izquierda del padre. Begoña Abad
La muerte se llama Juan. Joaquín Sánchez Vallés
Y ¡PUM! Un tiro al pajarito. Sandra Santana
La vida de María. Rainer Maria Rilke
Lamia, Isabella, La víspera de Santa Inés y otros poemas. John Keats
Un abrazo fuerte. Homenaje al poeta David González. Patxi Irurzun y Nacho Tajahuerce (coords.)
Los puntos cardinales. Rafael Lobarte Fontecha

Libro ilustrado

El dibujante de relatos. Antón Castro y Juan Tudela
La península de Cilemaga. Helena Santolaya
Marcianos. Sergio Algora y Óscar Sanmartín
La odisea de Fortunato. Pere Inglés y David Girón
Las aventuras de Juan Lázaro. Rafael Yuste Oliete y Ricardo Pedro Polo Cutando

No ficción

Reconstrucción. Miguel Ángel Ortiz Albero
Sahara Occidental. Cuarenta años construyendo resistencia. Varios autores
Residencia y tránsito de las letras en Aragón. Fernando Aínsa
Diario de campo de un psicólogo en un club de fútbol. Luis Cantarero
Marcelino. Muerte y vida de un payaso. Víctor Casanova Abós
Aragón en el sistema solar. Carlos Garcés Manau
Los poetas malditos. Paul Verlaine
Poetas y poéticas. Ensayos. Amador Palacios
Del espejismo de la revolución a la venganza de la victoria. Guerra y posguerra en Barbastro y el Somontano (1936-1945). José María Azpíroz Pascual
Nerín. Memorias compartidas. Varios autores. Edición de Rafael Latre
Sahara Occidental. Del abandono colonial a la construcción de un estado. Varios autores

El hombre elefante. Frederick Treves
Pasaron por aquí. Antón Castro
Nacer para aprender, volar para vivir. Un acercamiento a la poesía de Begoña Abad. José María García Linares
¡Cállate, papá! Padres y violencias en el fútbol industrial. Luis Cantarero
Metodologías activas en el aula. Varios autores
Gamificación educativa. Varios autores
El viaje exterior. Ensayos censores IV. Manuel Martínez-Forega
Teruel. Otra dimensión. Juan Villalba Sebastián
Opiniones de mujeres. María Domínguez
La guerra de los robots. Cómo la tecnología está cambiando los conflictos armados. Francisco Rubio Damián
La escritura por venir. Ensayos sobre arte y literatura en los siglos XX y XXI. Sandra Santana
La vida al alcance de la mano. La discapacidad a través de mi historia. Álex Sánchez
El viaje exterior. Ensayos censores V. Manuel Martínez-Forega
El camino de la serpiente. Escritos ocultistas. Fernando Pessoa
La jota, aragonesa y cosmopolita. De San Petersburgo a Nueva York. Marta Vela
El bazar infinito. Rutas y mares entre Oriente y Occidente. Alberto Cebrián
Ríos que mueren sin mar. Viaje por las culturas de Asia central. Enrique Ariño Gil
Humanizar el fútbol. Deporte y transformación social. Julio Salinas y Luis Cantarero (coords.)
Tú eres antes que todo. Correspondencia de Ramón Acín y Conchita Monrás. Víctor Juan
Adolescentes del siglo XXI. Técnicas de liderazgo parental. Marisa Felipe
Aurora y la celiaquía. Laura Marín
Zaragoza. Historias de ida y vuelta. Miguel Mena
Aragón. Formas de ser. Miguel Mena
Viaje al mar. Diario de un nabatero. Kike Fernández
Un violinista en el Titanic. Tribulaciones de un heterodoxo. Ángel Garcés Sanagustín
Diario del último año. Florbela Espanca
Juan de Velasco, primer maestre de campo de la Ciudadela de Jaca. Marcos Mayorga
Creatividad de andar por clase. Asunción Porta
Albarracín. Un viaje en el tiempo. Juan Villalba Sebastián
Diálogos en cautividad. Antón Castro
Deambulatorio. Miguel Ángel Ortiz Albero
Mauricio Aznar y Almagato. La historia. Jaime González
Máquinas que cuentan historias. La inteligencia artificial y la literatura del futuro. Varios autores
Cincuenta estaciones europeas. Catedrales de la modernidad. Alfonso Marco
La jota, aragonesa y liberal. Zaragoza, Madrid y París. Marta Vela
Sexo, amor y revolución. Hildegart Rodríguez
En torno a Paris, Texas *de Wim Wenders*. Varios autores
Futbología. La cultura del fútbol industrial. Luis Cantarero
Eugenesia y natalidad. Hildegart Rodríguez

Infantil

La Dama, el Duende y el Rey. Tres leyendas aragonesas. Roberto Malo, José María Tamparillas, Daniel Tejero y David Guirao
Moflete, el elegante. Agustín Porras y Arturo García Blanco
La ardilla poeta y el futuro del planeta. Pilimar Aguilar y Xcar Malavida
Moflete ya sabe contar. Agustín Porras y Arturo García Blanco
Agentes del futuro. María Frisa y Xcar Malavida
Minicó dice no. Nerea Mur
El príncipe que cruzó allende los mares. Roberto Malo, Francisco Javier Mateos y David Guirao
De tu abrazo a las estrellas. Victoria Alcalde y Ruth Alarcón
Mocoloco y Flemalarga. Nines Barcelona y Nerea Mur
San Jorge y el dragón. Daniel Nesquens y David Guirao
Antes de las nueve. Pablo Ferrer, Paula Figols, Marina Santos, Christian Peribáñez y Zaira Andrés
Erny, el monstruo de la Laguna Negra. María Álvarez e Irene Campos
Lex, el Tiranosaurio Rex. Roberto Malo, Daniel Tejero y Blanca Bk
La ardilla poeta y su libro de recetas. Pilimar Aguilar y Xcar Malavida
Un viernes soleado. Pepe Serrano y Raquel Samitier
Mika, el niño fantasma. Daniel Tejero y Bernal